だいたいで楽しい イタリア語入門

使える文法

花本知子 著

SANSHUSHA

はじめに

　「イタリア語って、どんな言葉？」と興味をもって本書を手に取ってくださったみなさん、また、「イタリアの料理、スポーツ、映画、音楽を理解するためにイタリア語を身につけたい」と思って勉強を始められるみなさん、イタリア語の世界へようこそ！

　イタリア語は母音がはっきりしていて、日本語を話す私たちにとって発音しやすい言語です。文字も、ほぼローマ字読みでOK。「やった、簡単、簡単！」と思って始めると、あれ、どうしたことでしょうか。「冠詞の種類が多い」「形容詞も変化するの？」「動詞の活用もたくさん……」と、あっと言う間に、文法の嵐にさらされたように感じるかもしれません。でも、大丈夫です！　続けるコツは、一度にすべての細かいルールを覚えるのではなく、ちょっとずつ「イタリア語で言えること」を増やしていくこと。まずはイタリア語がどんな言語か、だいたいわかるように眺めていきましょう。

　外国語の学習はスポーツの練習と似ています。理論を教わったあと、実際に体を動かして身につけていくように、本書でも「コンパクトな説明→練習」を繰り返し、トレーニングします。でも、「今日は疲れた、新しいメニューの練習はちょっと……」という日は、巻末の「おさぼりカード」をちらっと見て、無理せずイタリア語文法とつきあってくださいね。「覚えることがたくさん、先が見えない……」という気がしたら、「イタリア語文法散策マップ」で、現在地を確認してください。これまでの歩みを振り返ると、「意外に高いところまで登ってきたなぁ」と実感できるかもしれません。「夢をかなえるマイ予定表」に勉強した日付を書き込んだり、「5課分が終わったら、～をしてもいいことにする！」とごほうびを設定したりすると、息切れしたときの助けになりますので、ぜひご活用ください。

　それではみなさん、間もなくトレーニングが始まります。動きやすい服装で、16ページにご集合くださいね！

花本知子

本書の使い方

本書は、ひと通り最後までできるように配慮しました。

① 「これだけ」の内容で、下の問題が解けるようになっています。
② 「もっと」の内容で、次のページの問題が解けるようになっています。
③ 余力のある方は「+α」も読んでみてください。
④ 5課ごとに「まとめのドリル」があります。力試しにお使いください。
⑤ 「まとめ」は、持ち歩けるように、巻末にカードとしてまとめました。

本書付属CDは、🔊マークのついた個所のイタリア語を収録しています。

（1課〜30課のキーフレーズと「これだけ」「問題の答え」「もっと1」「もっと2」、一部の「+α」、まとめのドリル）

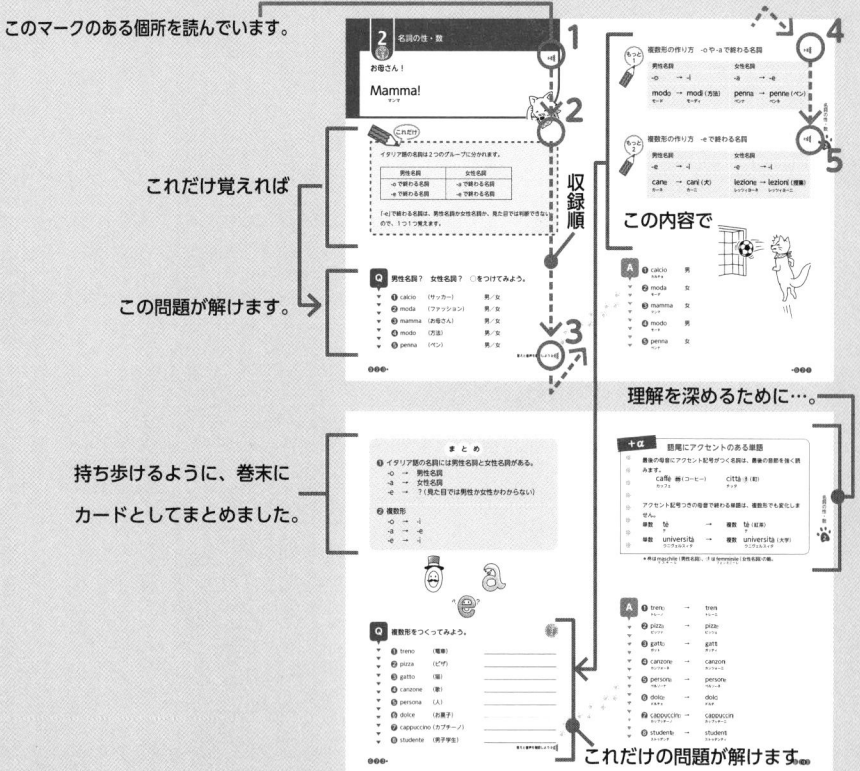

このマークのある個所を読んでいます。

これだけ覚えれば

この問題が解けます。

収録順

この内容で

理解を深めるために…。

持ち歩けるように、巻末にカードとしてまとめました。

これだけの問題が解けます。

もくじ

イタリア語文法散策マップ ……………………………… 4
本書の使い方 ……………………………………………… 6
夢をかなえる マイ予定表 ………………………………… 12

STEP1

1 文字と発音 …………………………………………… 16
こんにちは。
Buongiorno.

2 名詞の性・数 ………………………………………… 20
お母さん！
Mamma!

3 不定冠詞 ……………………………………………… 24
カプチーノを1杯ください。
Un cappuccino, per favore.

4 定冠詞 ………………………………………………… 28
はい、雑誌ですよ。
Ecco le riviste.

5 主語の代名詞と動詞 essere ………………………… 32
私はジョヴァンニです。
Sono Giovanni.

　　まとめのドリル1 ……………………………………… 36
　　コラム① イタリア人と映画 ………………………… 38

STEP2

6 形容詞 ……………………………………………………………… 40
赤いバッグが欲しいです。
Vorrei una borsa rossa.

7 指示形容詞 …………………………………………………………… 44
このアイスクリームはおいしいです。
Questo gelato è buono.

8 所有形容詞 …………………………………………………………… 48
この本は私のです。
Questo libro è mio.

9 「〜がある」 ………………………………………………………… 52
本が１冊あります。
C'è un libro.

10 疑問形容詞 ………………………………………………………… 56
本は何冊ありますか？
Quanti libri ci sono?

まとめのドリル 2 ………………………………………………… 60
コラム② 　学校の教科書 ………………………………………… 62

STEP3

11 動詞 avere ………………………………………………………… 64
私は 25 歳です。
Ho venticinque anni.

12 規則動詞の現在形 -are, -ere ……………………… 68
東京で働いています。
Lavoro a Tokyo.

13 規則動詞の現在形 -ire ……………………………… 72
明日出発します。
Parto domani.

14 疑問詞 …………………………………………………… 76
君は何を勉強しているの？
Che cosa studi?

15 前置詞 …………………………………………………… 80
私は京都出身です。
Sono di Kyoto.

まとめのドリル 3 ……………………………………… 84
コラム③　イタリアの小学校 …………………………… 86

STEP4

16 不規則活用の動詞 ……………………………………… 88
スーパーに行こうか？
Andiamo al supermercato?

17 再帰動詞 ………………………………………………… 92
何時に起きるの？
A che ora ti alzi?

18 補助動詞 volere と dovere ……………………… 96
映画を見たい？
Vuoi vedere un film?

19 補助動詞 potere と sapere ……………………………… 100
音楽を聞いてもいいよ。
Puoi ascoltare la musica.

20 代名詞 ne ………………………………………………… 104
「何冊本を持っている?」「5冊持っているよ」
Quanti libri hai? - Ne ho cinque.

まとめのドリル 4 ……………………………………… 108
コラム④　ゴミ収集 …………………………………… 110

STEP5

21 関係代名詞 che ………………………………………… 112
フランスで働いている人を知っています。
Conosco una persona che lavora in Francia.

22 直接目的語の代名詞 …………………………………… 116
彼のことをよく知っています。
Lo conosco bene.

23 間接目的語の代名詞 …………………………………… 120
今晩私に電話してくれる？
Mi telefoni stasera?

24 動詞 piacere …………………………………………… 124
音楽が好きです。
Mi piace la musica.

25 副詞 ……………………………………………………… 128
イタリア語が上手だね。
Parli bene l'italiano.

まとめのドリル 5 ……………………………………………………… 132
コラム⑤　チョコレート …………………………………………… 134

STEP6

26 近過去 …………………………………………………………… 136
よく眠れました。
Ho dormito bene.

27 半過去 …………………………………………………………… 140
銀行で働いていました。
Lavoravo in banca.

28 現在進行形 ……………………………………………………… 144
本を読んでいるところです。
Sto leggendo un libro.

29 未来形 …………………………………………………………… 148
明日は働かないつもりです。
Domani non lavorerò.

30 接続詞 …………………………………………………………… 152
とても疲れているけど、働かなければなりません。
Sono molto stanco, ma devo lavorare.

まとめのドリル 6 ……………………………………………………… 156
コラム⑥　ピノッキオ ……………………………………………… 158

基本単語 ……………………………………………………………………… 160
重要動詞活用表 …………………………………………………………… 168
おさぼりカード …………………………………………………………… 173

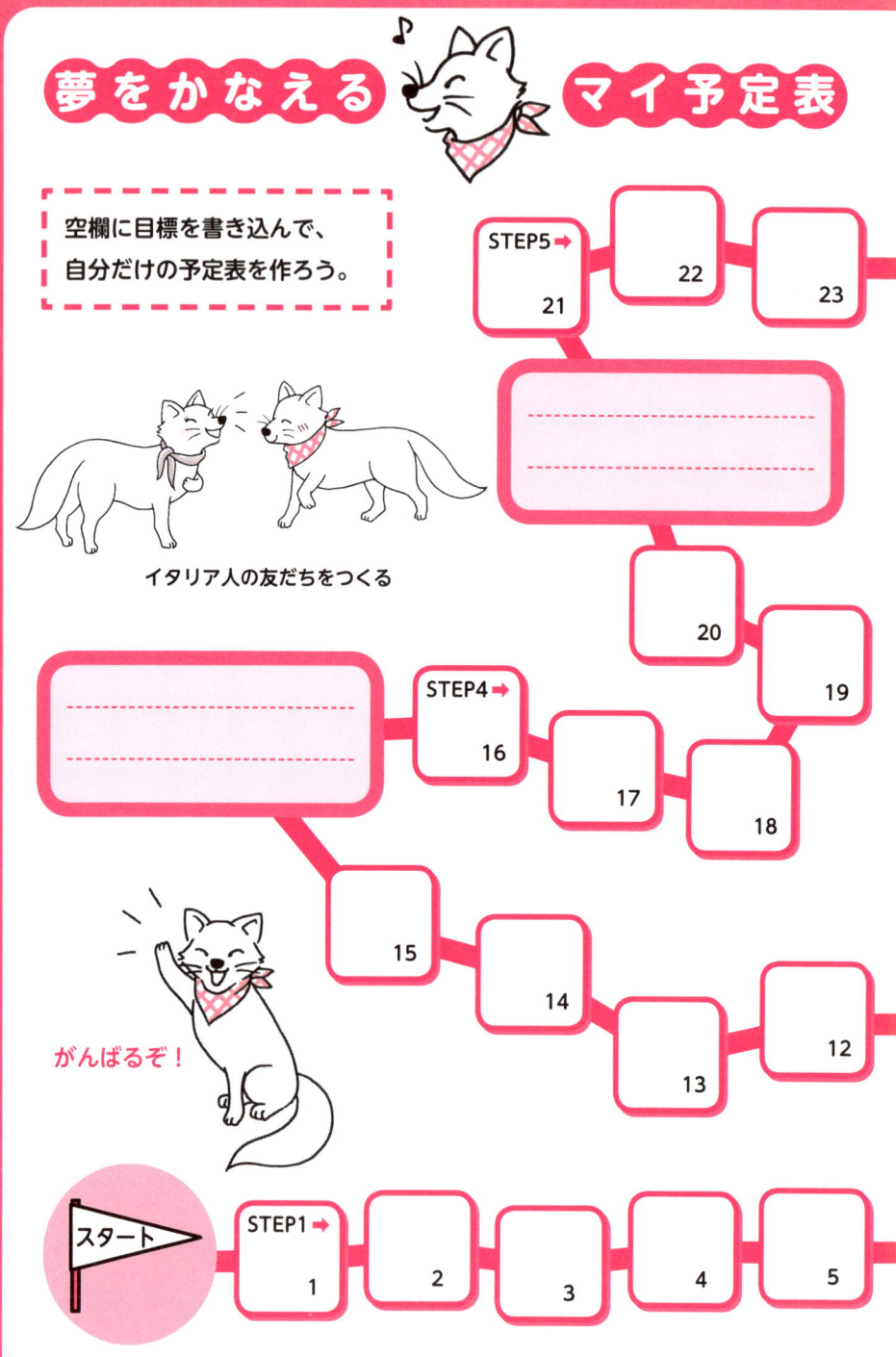

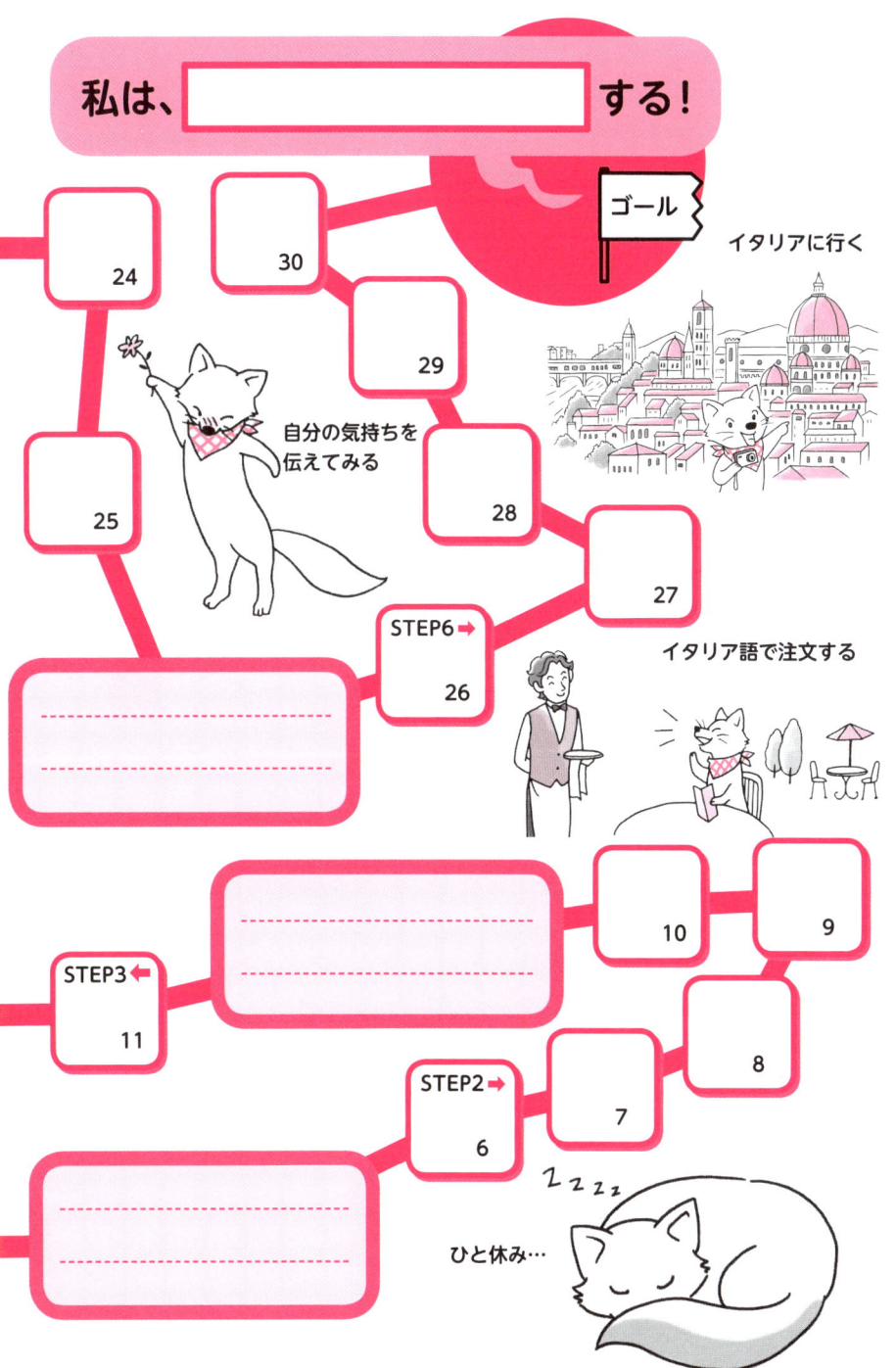

STEP 1

1 文字と発音

こんにちは。

Buongiorno.
ブゥウォンジョールノ

これだけ

イタリア語で使う基本のアルファベット

a	b	c	d	e	f	g	h
ア	ビ	チ	ディ	エ	エッフェ	ジ	アッカ
i	l	m	n	o	p	q	r
イ	エッレ	エンメ	エンネ	オ	ピ	クゥ	エッレ
s	t	u	v	z			
エッセ	ティ	ウ	ヴゥ	ゼータ			

外来語の表記に使うアルファベット

j	k	w	x	y
イッルンゴ	カッパ	ドッピヨヴゥ	イクス	イプスィロン

Q アルファベットを読んでみよう。

❶ UE（ヨーロッパ連合）

❷ PC（パソコン）

❸ TV（テレビ）

❹ CTS（学生旅行センター）

❺ FS（イタリアの国鉄）

❻ NHK

❼ TBS

答えと音声を確認しよう

発音の注意点　　cとg

ci	gi	chi	ghi
チ	ジ	キ	ギ
ce	ge	che	ghe
チェ	ジェ	ケ	ゲ

cena（夕食）
チェーナ

gente（人々）
ジェンテ

発音の注意点　　cとgとsc

gia		gio	giu
ジャ		ジョ	ジュ
cia		cio	ciu
チャ		チョ	チュ
scia	sce	sci	scio	sciu
シャ	シェ	シ	ショ	シュ

camicia（シャツ）
カミーチャ

bacio（キス）
バーチョ

A

❶ UE　　ウ エ
❷ PC　　ピ チ
❸ TV　　ティ ヴゥ
❹ CTS　チ ティ エッセ
❺ FS　　エッフェ エッセ
❻ NHK　エンネ アッカ カッパ
❼ TBS　ティ ビ エッセ

まとめ

❶ 基本はローマ字読みでOK。

❷ c, g, scの読み方に注意！

❸ イタリア語で使うアルファベットは21文字。
（j, k, w, x, yは外来語に使う）

Q 単語を発音してみよう。

❶ gelato　　（アイスクリーム）

❷ sciopero　（ストライキ）

❸ ciao　　　（やあ、バイバイ）

❹ cachi　　（柿）

❺ acciughe　（アンチョビ）

❻ cinema　　（映画）

❼ gita　　　（小旅行）

❽ gioco　　（遊び、ゲーム）

答えと音声を確認しよう

イタリア語特有の音

- 「r」は軽く巻き舌で発音　　　Roma（ローマ）
- 「h」は発音しない　　　　　　ho（私は持っている）
- 「gn」の発音にも注意

　　　　　gna　　**gno**　　**gnu**
　　　　　ニャ　　　ニョ　　　ニュ

- イタリア語独特の音「gli」

舌を口の空洞の上にくっつけて、くっつけた両側のすきまから息を出すつもりで「リ」と発音する。「ギ」と「リ」の中間の音で、舌足らずな音に聞こえる。

　　　　glia　　**glie**　　**gli**　　**glio**
　　　　リャ　　　リェ　　　リ　　　　リョ

A （下線部を強く長く読む）

1. gelato　ジェラート
2. sciopero　ショーペロ
3. ciao　チャーオ
4. cachi　カーキ
5. acciughe　アッチューゲ
6. cinema　チーネマ
7. gita　ジータ
8. gioco　ジョーコ

2 名詞の性・数

お母さん！

Mamma!
マンマ

これだけ

イタリア語の名詞は2つのグループに分かれます。

男性名詞	女性名詞
-o で終わる名詞	**-a** で終わる名詞
-e で終わる名詞	**-e** で終わる名詞

「-e」で終わる名詞は、男性名詞か女性名詞か、見た目では判断できないので、1つ1つ覚えます。

Q 男性名詞？　女性名詞？　○をつけてみよう。

❶ calcio　　（サッカー）　　　男／女
❷ moda　　（ファッション）　男／女
❸ mamma　（お母さん）　　　男／女
❹ modo　　（方法）　　　　　男／女
❺ penna　　（ペン）　　　　　男／女

答えと音声を確認しよう

 **もっと1**

複数形の作り方　-oや-aで終わる名詞

男性名詞	女性名詞
-o → -i	-a → -e
mod**o** → mod**i**（方法） モード　　モーディ	penn**a** → penn**e**（ペン） ペンナ　　ペンネ

 **もっと2**

複数形の作り方　-eで終わる名詞

男性名詞	女性名詞
-e → -i	-e → -i
can**e** → can**i**（犬） カーネ　　カーニ	lezion**e** → lezion**i**（授業） レッツィヨーネ　レッツィヨーニ

名詞の性・数

A

❶ calcio　　男
　カルチョ

❷ moda　　女
　モーダ

❸ mamma　女
　マンマ

❹ modo　　男
　モード

❺ penna　　女
　ペンナ

まとめ

❶ イタリア語の名詞には男性名詞と女性名詞がある。
- -o → 男性名詞
- -a → 女性名詞
- -e → ？（見た目では男性か女性かわからない）

❷ 複数形
- -o → -i
- -a → -e
- -e → -i

Q 複数形をつくってみよう。

❶ treno　　　　（電車）　　　_____

❷ pizza　　　　（ピザ）　　　_____

❸ gatto　　　　（猫）　　　　_____

❹ canzone　　（歌）　　　　_____

❺ persona　　（人）　　　　_____

❻ dolce　　　　（お菓子）　　_____

❼ cappuccino（カプチーノ）_____

❽ studente　　（男子学生）　_____

答えと音声を確認しよう

+α 語尾にアクセントのある単語

最後の母音にアクセント記号がつく名詞は、最後の音節を強く読みます。

caffè m (コーヒー)　città f (町)
カッフェ　　　　　　　チッタ

アクセント記号つきの母音で終わる単語は、複数形でも変化しません。

単数　tè　→　複数　tè (紅茶)
　　　テ　　　　　　テ

単数　università　→　複数　università (大学)
　　　ウニヴェルスィタ　　　　ウニヴェルスィタ

＊ m は maschile (男性名詞)、f は femminile (女性名詞)の略。
　　　マスキーレ　　　　　　　　　フェンミニーレ

名詞の性・数 2

A

1. treno → treni
   トレーノ　　トレーニ

2. pizza → pizze
   ピッツァ　　ピッツェ

3. gatto → gatti
   ガット　　　ガッティ

4. canzone → canzoni
   カンツォーネ　カンツォーニ

5. persona → persone
   ペルソーナ　　ペルソーネ

6. dolce → dolci
   ドルチェ　　ドルチ

7. cappuccino → cappuccini
   カップッチーノ　カップッチーニ

8. studente → studenti
   ストゥデンテ　　ストゥデンティ

3 不定冠詞

カプチーノを1杯ください。

Un cappuccino, per favore.
ウン　　　カップッチーノ　　　　ペル　　　ファヴォーレ

* per favore：〜をお願いします

これだけ

不定冠詞は「1つの〜」「とある〜」を表します。

un + 男性名詞	una + 女性名詞
un cappuccino（カプチーノ1杯） ウン　カップッチーノ	una pizza（ピザ1枚） ウナ　ピッツァ
un cane（犬1匹） ウン　カーネ	una canzone（歌1曲） ウナ　カンツォーネ

Q バールに来ました。「〜を1つお願いします」と注文してみよう。

❶ ミニピザを1つお願いします。

　＿＿＿＿＿＿＿＿＿＿＿＿, per favore.

> ミニピザ
> **pizzetta**
> ピッツェッタ

❷ コーヒーを1つお願いします。

　＿＿＿＿＿＿＿＿＿＿＿＿, per favore.

> コーヒー
> **caffè** m
> カッフェ

❸ アイスクリームを1つお願いします。

　＿＿＿＿＿＿＿＿＿＿＿＿, per favore.

> アイスクリーム
> **gelato**
> ジェラート

❹ ビールを1つお願いします。

　＿＿＿＿＿＿＿＿＿＿＿＿, per favore.

> ビール
> **birra**
> ビッラ

❺ 紅茶を1つお願いします。

　＿＿＿＿＿＿＿＿＿＿＿＿, per favore.

> 紅茶
> **tè** m
> テ

答えと音声を確認しよう

男性名詞につく不定冠詞 uno

uno studente（男子学生1人）
ウノ　　ストゥデンテ

uno zaino（リュックサック1つ）
ウノ　　ザーイノ

⇒ s＋子音始まり、z始まりの男性名詞には **uno** をつけます。

女性名詞につく不定冠詞 un'

un' italiana（イタリア人女性1人）
ウニタリヤーナ

un' amica（女友達1人）
ウナミーカ

⇒ 母音始まりの女性名詞には **un'** をつけます。
＊unaでも可。
＊実際は「un'」の後ろにスペースを置かず、「un'italiana」「un'amica」と書く。

A

❶ Una pizzetta, per favore.
ウナ ピッツェッタ ペル ファヴォーレ

❷ Un caffè, per favore.
ウン カッフェ ペル ファヴォーレ

❸ Un gelato, per favore.
ウン ジェラート ペル ファヴォーレ

❹ Una birra, per favore.
ウナ ビッラ ペル ファヴォーレ

❺ Un tè, per favore.
ウン テ ペル ファヴォーレ

ま と め

❶ 男性名詞か女性名詞かによって、つく不定冠詞が違う。
un ＋ 男性名詞
una ＋ 女性名詞

❷ 名詞の始まりの音によっては、不定冠詞の形が変わる。
uno ＋ 男性名詞（s＋子音始まり）
uno ＋ 男性名詞（z始まり）
un' ＋ 女性名詞（母音始まり）

Q お店に来ました。「Vorrei～．（～をいただきたいのですが）」と言ってみよう。

❶ ペンを1本いただきたいのですが。
Vorrei _____

❷ バッグを1ついただきたいのですが。
Vorrei _____

❸ プリンターを1台いただきたいのですが。
Vorrei _____

❹ ノートを1冊いただきたいのですが。
Vorrei _____

❺ リュックサックを1ついただきたいのですが。
Vorrei _____

❻ 鏡を1ついただきたいのですが。
Vorrei _____

| ペン **penna** ペンナ |
| バッグ **borsa** ボルサ |
| プリンター **stampante** f スタンパンテ |
| ノート **quaderno** クゥワデルノ |
| リュックサック **zaino** ザーイノ |
| 鏡 **specchio** スペッキヨ |

答えと音声を確認しよう

+α 数字の言い方　1〜20

1 **uno** ウノ	2 **due** ドゥウェ	3 **tre** トレ	4 **quattro** クゥワットロ	5 **cinque** チンクゥウェ
6 **sei** セイ	7 **sette** セッテ	8 **otto** オット	9 **nove** ノヴェ	10 **dieci** ディエーチ
11 **undici** ウンディチ	12 **dodici** ドーディチ	13 **tredici** トレーディチ	14 **quattordici** クゥワットールディチ	
15 **quindici** クゥインディチ	16 **sedici** セーディチ	17 **diciassette** ディチャッセッテ	18 **diciotto** ディチョット	
19 **diciannove** ディチャンノーヴェ	20 **venti** ヴェンティ			

数字の1はunoですが、名詞につけて「1つの」と言うときは、3課で見たように、un, uno, una, un' と形が変わります。

不定冠詞 3

A

① Vorrei una penna.
ヴォッレイ ウナ ペンナ

② Vorrei una borsa.
ヴォッレイ ウナ ボルサ

③ Vorrei una stampante.
ヴォッレイ ウナ スタンパンテ

④ Vorrei un quaderno.
ヴォッレイ ウン クゥワデルノ

⑤ Vorrei uno zaino.
ヴォッレイ ウノ ザーイノ

⑥ Vorrei uno specchio.
ヴォッレイ ウノ スペッキヨ

4 定冠詞

はい、雑誌ですよ。

Ecco le riviste.
エッコ　レ　リヴィステ

これだけ

定冠詞の形

	単数	複数
男性名詞	**il** libro イル　リーブロ	**i** libri　（本） イ　リーブリ
女性名詞	**la** rivista ラ　リヴィスタ	**le** riviste　（雑誌） レ　リヴィステ

- 「本」といってもいろいろある　→ 不定冠詞　un libro（とある本）
- 1度話題にのぼった「本」　→ 定冠詞　il libro（その本）
- その場に1つしかなくて
  「本」と言えばどの本かわかる　→ 定冠詞　il libro（その本）

Q 「〜を取って」と頼まれました。Ecco〜を使って、「はい、その〜ですよ」と言ってみよう。

❶ はい、雑誌（単数）ですよ。
_____

❷ はい、本（複数）ですよ。
_____

❸ はい、ペン（単数）ですよ。
_____

雑誌
rivista
リヴィスタ

本
libri pl
リーブリ

ペン
penna
ペンナ

答えと音声を確認しよう

定冠詞の形　要注意系

男性名詞	**lo** st**udente**（男子学生） ロ　ストゥデンテ	s＋子音始まり
	lo z**aino**（リュックサック） ロ　ザーイノ	z始まり
	l' a**lbero**（木） ラルベロ	母音始まり
女性名詞	**l'** o**liva**（オリーブの実） ロリーヴァ	母音始まり

言語名

言語名は男性名詞で、定冠詞をつけます。

il giapponese（日本語）
イル　ジャッポネーゼ

lo spagnolo（スペイン語）
ロ　スパンニョーロ

l' italiano（イタリア語）
リタリヤーノ

＊実際は「l'」の後ろにスペースを置かず、「l'italiano」と書く。

❶ Ecco la rivista.
　エッコ ラ リヴィスタ

❷ Ecco i libri.　＊**pl** は plurale（複数）の略。
　エッコ イ リーブリ　　　　　プルゥラーレ

❸ Ecco la penna.
　エッコ ラ ペンナ

まとめ

❶ 基本の定冠詞

男性名詞		女性名詞	
単数 **il**	複数 **i**	単数 **la**	複数 **le**

❷ s＋子音、zで始まる男性名詞　→　**lo**

❸ 母音で始まる男性名詞、女性名詞　→　**l'**

❹ 特定できる名詞につける。
例えば、「本」と言ったらどの「本」かわかるとき。

Q 言語名に定冠詞をつけて、「私は〜語が好きです」と言ってみよう。

❶ 私は日本語が好きです。
Mi piace _____

日本語
giapponese
ジャッポネーゼ

❷ 私はアラビア語が好きです。
Mi piace _____

アラビア語
arabo
アーラボ

❸ 私はスペイン語が好きです。
Mi piace _____

スペイン語
spagnolo
スパンニョーロ

❹ 私はフランス語が好きです。
Mi piace _____

フランス語
francese
フランチェーゼ

❺ 私は中国語が好きです。
Mi piace _____

中国語
cinese
チネーゼ

❻ 私は英語が好きです。
Mi piace _____

英語
inglese
イングレーゼ

答えと音声を確認しよう

+α　il, la 以外の定冠詞の複数形

	単数			複数
lo ロ	studente ストゥデンテ	→	gli リ	studenti（男子学生） ストゥデンティ
lo ロ	zaino ザーイノ	→	gli リ	zaini（リュックサック） ザーイニ
l' ラルベロ	albero	→	gli リ	alberi（木） アルベリ

⇒「**要注意系**」の**男性名詞**には、複数形ですべて **gli** がつく！

| l'
ロリーヴァ | oliva | → | le
レ | olive（オリーブの実）
オリーヴェ |

⇒**女性名詞の複数形**にはどんなときも **le** がつく！

A

① Mi piace il giapponese.
ミ ピヤーチェ イル ジャッポネーゼ

② Mi piace l'arabo.
ミ ピヤーチェ ラーラボ

③ Mi piace lo spagnolo.
ミ ピヤーチェ ロ スパンニョーロ

④ Mi piace il francese.
ミ ピヤーチェ イル フランチェーゼ

⑤ Mi piace il cinese.
ミ ピヤーチェ イル チネーゼ

⑥ Mi piace l'inglese.
ミ ピヤーチェ リングレーゼ

5 主語の代名詞と動詞 essere

私はジョヴァンニです。

Sono Giovanni.
ソノ　　　　ジョヴァンニ

これだけ

	主語の代名詞	動詞 essere (〜だ) の活用	
私は	io イヨ	sono ソノ	
君は	tu トゥ	sei セイ	＊tu…敬語を使わない相手
彼は	lui ルイ	è エ	
彼女は	lei レイ	è エ	
あなたは	Lei レイ	è エ	＊Lei…敬語を使う相手

動詞の活用と文脈から推測できるので、主語の代名詞はふつう省略します。

Q 主語をつけて、「〜は…です」と言ってみよう。

❶ 私は亮太です。

_____

❷ 彼女はフランチェスカです。

_____

フランチェスカ
Francesca
フランチェスカ

❸ 彼はパオロです。

_____

パオロ
Paolo
パオロ

答えと音声を確認しよう

複数形の主語と essere

	主語の代名詞	動詞 essere（〜だ）の活用
		エッセレ
私たちは	noi ノイ	siamo スィヤーモ
君たちは／あなたがたは	voi ヴォイ	siete スィエーテ
彼らは／彼女たちは	loro ローロ	sono ソノ

否定文、疑問文の作り方

・否定文は、動詞の前に non をつけて作ります。

　　Non siamo giapponesi.（私たちは日本人ではない）
　　ノン　スィヤーモ　ジャッポネーズィ
　　＊giapponesi：giapponese（日本人）の複数形。

・疑問文は、文の最後に「?」をつけるだけです。

　　Sei giapponese?（君は日本人なの？）
　　セイ　ジャッポネーゼ
　　＊疑問文のイントネーションは、CDを参考にしてください。

A

❶ Io sono Ryota.
　イヨ ソノ リョータ

❷ Lei è Francesca.
　レイ エ フランチェスカ

❸ Lui è Paolo.
　ルイ エ パオロ

まとめ

❶ 主語の代名詞
io（私は）、tu（君は）、lui（彼は）、lei（彼女は）、Lei（あなたは）、noi（私たちは）、voi（君たち・あなた方は）、loro（彼ら・彼女らは）

❷ tu は敬語を使わない相手、Lei は敬語を使う相手。
＊L は小文字で書くこともある。

❸ essere（〜だ）の活用
io sono, tu sei, lui / lei / Lei è, noi siamo, voi siete, loro sono

❹ 否定文：動詞の前に non をつける。

❺ 疑問文：文の最後に「?」をつける。

Q 単語をヒントに、主語の代名詞を省いて作文してみよう。

❶ 私たちは日本人です。
日本人 **giapponesi** ジャッポネーズィ

❷ 彼らはイタリア人ですか？
イタリア人 **italiani** イタリヤーニ

❸ ぼくはパオロです。
パオロ **Paolo** パオロ

❹ 彼女は日本人ではありません。
日本人 **giapponese** ジャッポネーゼ

❺ あなたがたは親切です。
親切な **gentili** ジェンティーリ

答えと音声を確認しよう

+α 主語の強調

特に強調したいときだけ、主語の代名詞を残します。
- **強調**「私はですね」
- **対比**「そういうあなたに対して私は」という気持ちを込めるとき

Sono Yumi.（私は由美です）
ソノ　　ユミ

Io sono Yumi, e tu?（私は由美です。で、あなたは？）
イヨ ソノ　　ユミ　　エ トゥ

A

❶ Siamo giapponesi.
スィヤーモ ジャッポネーズィ

❷ Sono italiani?
ソノ イタリヤーニ

❸ Sono Paolo.
ソノ パオロ

❹ Non è giapponese.
ノネ ジャッポネーゼ

❺ Siete gentili.
スィエーテ ジェンティーリ

まとめのドリル 1

1 次の名詞を複数形にしてみよう。

1. penna　　　ペン　　　　→ (　　　　　)
2. tè　　　　　紅茶　　　　→ (　　　　　)
3. treno　　　電車　　　　→ (　　　　　)
4. studente　 男子学生　　→ (　　　　　)
5. canzone　　歌　　　　　→ (　　　　　)

2 日本語訳を参考に、不定冠詞または定冠詞を入れてみよう。

1. Vorrei (　　　) cappuccino.
   私はカプチーノを1杯いただきたいのですが。
2. Ecco (　　　) cappuccino.
   はい、(その)カプチーノですよ。
3. (　　　) pizzetta, per favore.
   ミニピザを1枚お願いします。
4. Ecco (　　　) pizzetta.
   はい、(その)ミニピザですよ。
5. Mi piace (　　　) spagnolo.
   私はスペイン語が好きです。

3 動詞essereを主語に合わせて活用させてみよう。

1 Io (   ) Koji.
ぼくは浩二です。

2 Lei (   ) Alessandra.
彼女はアレッサンドラです。

3 Noi (   ) di Osaka.
私たちは大阪出身です。

4 Loro (   ) giapponesi.
彼らは日本人です。

5 Tu (   ) giapponese?
君は日本人なの？

こたえ

1
- **1** penne
- **2** tè
- **3** treni
- **4** studenti
- **5** canzoni

2
- **1** Vorrei un cappuccino.
- **2** Ecco il cappuccino.
- **3** Una pizzetta, per favore.
- **4** Ecco la pizzetta.
- **5** Mi piace lo spagnolo.

3
- **1** Io sono Koji.
- **2** Lei è Alessandra.
- **3** Noi siamo di Osaka.
- **4** Loro sono giapponesi.
- **5** Tu sei giapponese?

コラム1

イタリア人と映画

　イタリア人にとっての最大の娯楽といえば、友人や家族といっしょに過ごすこと。レストランで食事、または飲みに行く、となったとき、飲食自体よりも、「同じ時間をともに過ごす」ことがメインのイベントになります。そのため、おしゃべりや散歩も立派な娯楽です。この、「ともに過ごす」ための一形態として、映画館での映画鑑賞があります。映画館は友人、夫婦、家族で連れ立って来ている人ばかりなので、「この映画が見たい！」という思いでひとりで足を運ぶと、少々居心地の悪い思いがします。

　そんな事情からか、イタリアの映画館では朝の上映はありません。いちばん早い回が16時30分頃に始まります。つづいて18時30分、20時30分ときて、最終回はだいたい22時30分。学校や仕事が終わったあと、夕ご飯をゆっくり食べ、「では映画でも行こうか」と思い立ってから向かっても、十分間に合います。日本的感覚からすると「ちょっと遅すぎるかな」と思うような時間ですが、20時30分の回と同じようににぎわっています。

　特徴的なのが、映画館によっては、上映を「第1部」と「第2部」に分ける点。劇なら幕間があり、休憩にちょうど良い区切りがありますが、映画にはそれがありません。話の展開の途中でも、「第1部終了」の文字がスクリーンに浮かべば、それが休憩の合図。有無を言わさず、突然ぶちっと中断します。

　上映作品には、イタリア以外の外国映画もたくさん、いやむしろ外国映画作品のほうが多いようです。字幕付きではなく、吹き替え上映を好むのがイタリアらしいところ。興行収入の多いメジャーな作品以外でも、吹き替えされていることがほとんどです。

STEP 2

6 形容詞

赤いバッグが欲しいです。

Vorrei una borsa rossa.
ヴォッレイ　ウナ　ボルサ　ロッサ

これだけ

形容詞はかかる名詞の性・数によって変化します。

rosso（赤い）

	単数	複数
男性	rosso ロッソ	rossi ロッスィ
女性	rossa ロッサ	rosse ロッセ

基本的に名詞の後ろに置きます。

una borsa rossa　（赤いバッグ）
ウナ　ボルサ　ロッサ

Q 「Vorrei～.（私は～が欲しいのですが）」と言ってみよう。

❶ 私は赤い車が1台欲しいです。
車1台
una macchina
ウナ　マッキナ

❷ 私は赤いノートが2冊欲しいです。
ノート2冊
due quaderni m pl
ドゥウェ　クゥワデルニ

❸ 私は赤いコートが1着欲しいです。
コート1着
un cappotto
ウン　カッポット

答えと音声を確認しよう

もっと1 -eで終わる形容詞（男女同形）

verde（緑の）

	単数	複数
男性・女性とも	verde ヴェルデ	verdi ヴェルディ

una macchina verde（緑色の車1台）
ウナ　マッキナ　　ヴェルデ

due macchine verdi（緑色の車2台）
ドゥウェ マッキネ　ヴェルディ

もっと2 名詞に直接かからない場合

alto（背が高い）

Mario　　　　è　　　alto.（マリオは背が高い）
マーリヨ　　　エ　　　アルト

Maria　　　　è　　　alta.（マリーアは背が高い）
マリーヤ　　　エ　　　アルタ

Mario e Maria　sono　alti*.（マリオとマリーアは背が高い）
マーリヨ　エ マリーヤ　ソノ　　アルティ

Maria e Anna　sono　alte.（マリーアとアンナは背が高い）
マリーヤ　エ　アンナ　ソノ　　アルテ

＊男性が1人でも混じった主語は、全体として男性複数として扱われる。

A

❶ Vorrei una macchina rossa.
ヴォッレイ ウナ マッキナ ロッサ

❷ Vorrei due quaderni rossi.
ヴォッレイ ドゥウェ クゥワデルニ ロッスィ

❸ Vorrei un cappotto rosso.
ヴォッレイ ウン カッポット ロッソ

ま と め

❶ イタリア語の形容詞は、-o または -e で終わる。

❷ -o で終わる形容詞

男性　単数	男性　複数	女性　単数	女性　複数
-o	-i	-a	-e

❸ -e で終わる形容詞

男性　単数	男性　複数	女性　単数	女性　複数
-e	-i	-e	-i

❹ 名詞の後ろに置かれる。

Q 単語をヒントに作文してみよう。

❶ 私は白いシャツが欲しいです。

シャツ1枚　　　白い
una camicia, bianco
ウナ　カミーチャ　　ビアンコ

❷ 私は黒いノートが2冊欲しいです。

ノート2冊　　　黒い
due quaderni, nero
ドゥウェ クゥワデルニ　　ネーロ

❸ 私は緑色のTシャツが欲しいです。

Tシャツ1枚　　　緑の
una maglietta, verde
ウナ　マッリェッタ　　ヴェルデ

❹ ルイーザは背が高い。

ルイーザ 背が高い
Luisa, alto
ルイーザ　アルト

❺ ルイーザとカテリーナは頭がよい。

ルイーザとカテリーナ 頭のよい
Luisa e Caterina, intelligente
ルイーザ エ カテリーナ　インテッリジェンテ

答えと音声を確認しよう

+α 形容詞の位置

名詞の前後のどちらにも置くことができる形容詞もあります。
前か後かでニュアンスが変わります。

una **ragazza** brava（優秀な女の子）
ウナ　ラガッツァ　ブラーヴァ

una brava **ragazza**（心根のよい女の子）
ウナ　ブラーヴァ　ラガッツァ

un **regalo** piccolo（小さなプレゼント）
ウン　レガーロ　　ピッコロ

un piccolo **regalo**（ささやかなプレゼント）
ウン　ピッコロ　　レガーロ

＊形容詞が後ろにつくときは物理的な意味を、前につくときは心理的な意味を表すことが多い。

形容詞

A

❶ Vorrei una camicia bianca.
ヴォッレイ ウナ カミーチャ ビヤンカ

❷ Vorrei due quaderni neri.
ヴォッレイ ドゥウェ クゥワデルニ ネーリ

❸ Vorrei una maglietta verde.
ヴォッレイ ウナ マッリェッタ ヴェルデ

❹ Luisa è alta.
ルイーザ エ アルタ

❺ Luisa e Caterina sono intelligenti.
ルイーザ エ カテリーナ ソノ インテッリジェンティ

7 指示形容詞

このアイスクリームはおいしいです。

Questo gelato è buono.
クウェスト　　ジェラート　エ　ブゥウォーノ

これだけ

questo「この〜」

	男性単数	男性複数	女性単数	女性複数
この これらの	quest**o** クウェスト	quest**i** クウェスティ	quest**a** クウェスタ	quest**e** クウェステ

- -oで終わる形容詞と同じ規則的な変化をします。
- 名詞の前につけます。

Questo libro è pesante. (この本は重いです)
クウェスト　リーブロ エ ペザンテ

Questi libri sono pesanti. (これらの本は重いです)
クウェスティ リーブリ ソノ　　ペザンティ

Q 単語をヒントに作文してみよう。

❶ このバッグはマリーアのです。

　　バッグ　　マリーアの
　　borsa, di Maria
　　ボルサ　　ディ マリーヤ

❷ これらのバッグはフランチェスカのです。

　　バッグ　　フランチェスカの
　　borse, di Francesca
　　ボルセ　　ディ フランチェスカ

❸ このノートはジョヴァンニのです。

　　ノート　　　　ジョヴァンニの
　　quaderno, di Giovanni
　　クゥアデルノ　　ディ ジョヴァンニ

答えと音声を確認しよう

もっと1 quello「あの〜」

	男性単数	男性複数	女性単数	女性複数
あの あれらの	quel クウェル	quei クウェイ	quella クウェッラ	quelle クウェッレ

quel libro（あの本）
クウェル　リーブロ

quei libri（あれらの本）
クウェイ　リーブリ

もっと2 「要注意系」名詞につける quello

	男性単数	男性複数	女性単数	女性複数
s＋子音 z始まり	quello クウェッロ	quegli クウェッリ	—	—
母音始まり	quell' クウェル	quegli クウェッリ	quell' クウェル	quelle クウェッレ

quell'albero（あの木）
クウェッラルベロ

quegli alberi（あれらの木）
クウェッリ　アルベリ

指示形容詞

A

❶ Questa borsa è di Maria.
クウェスタ ボルサ エ ディ マリーヤ

❷ Queste borse sono di Francesca.
クウェステ ボルセ ソノ ディ フランチェスカ

❸ Questo quaderno è di Giovanni.
クウェスト クゥワデルノ エ ディ ジョヴァンニ

まとめ

❶ questo（この）→ questo, questi, questa, queste

❷ quello（あの）→ quel, quei, quella, quelle

❸ 母音始まりの名詞、s＋子音やz始まりの男性名詞につけるとき、quelloの形に注意！

Q 単語をヒントに作文してみよう。

❶ あれらの雑誌はジャーコモのです。
　雑誌 riviste f pl, ジャーコモの di Giacomo
　リヴィステ　　　　ディ ジャーコモ

❷ あの車はマリーザのです。
　車 macchina, マリーザの di Marisa
　マッキナ　　　ディ マリーザ

❸ この本は興味深い。
　本 libro, 興味深い interessante
　リーブロ　　インテレッサンテ

❹ あれらの本は興味深い。
　本 libri, 興味深い interessanti
　リーブリ　インテレッサンティ

❺ あの男子学生は優秀だ。
　男子学生 studente, 優秀な bravo
　ストゥデンテ　　ブラーヴォ

答えと音声を確認しよう

+α 指示代名詞
questo「これ」、quello「あれ」

	男性単数	男性複数	女性単数	女性複数
これ これら	questo クウェスト	questi クウェスティ	questa クウェスタ	queste クウェステ

Questa è una chiesa. (これは教会です)
クウェスタ エ ウナ キエーザ

↑ 後ろのchiesaに　　↑
合わせて女性単数形　女性名詞単数形

	男性単数	男性複数	女性単数	女性複数
あれ あれら	quello クウェッロ	quelli クウェッリ	quella クウェッラ	quelle クウエッレ

Quelli sono i miei libri. (あれらは私の本です)
クウェッリ ソノ イ ミエーイ リーブリ

↑ 後ろのlibriに　　↑
合わせて男性複数形　男性名詞複数形

指示形容詞

7

A

❶ Quelle riviste sono di Giacomo.
クウェッレ リヴィステ ソノ ディ ジャーコモ

❷ Quella macchina è di Marisa.
クウェッラ マッキナ エ ディ マリーザ

❸ Questo libro è interessante.
クウェスト リーブロ エ インテレッサンテ

❹ Quei libri sono interessanti.
クウェイ リーブリ ソノ インテレッサンティ

❺ Quello studente è bravo.
クウェッロ ストゥデンテ エ ブラーヴォ

8 所有形容詞

この本は私のです。

Questo libro è mio.
クウェスト　リーブロ　エ　ミーヨ

これだけ

	男性単数	男性複数	女性単数	女性複数
私の	mio ミーヨ	miei ミエーイ	mia ミーヤ	mie ミーエ
君の	tuo トゥーウォ	tuoi トゥウォーイ	tua トゥーワ	tue トゥーウェ
彼・彼女の	suo スゥーウォ	suoi スゥウォーイ	sua スゥーワ	sue スゥーウェ
あなたの	Suo スゥーウォ	Suoi スゥウォーイ	Sua スゥーワ	Sue スゥーウェ

⇒男性複数形のときだけ不規則

Q 単語をヒントに作文してみよう。

❶ あのバッグは君の？
_____

あのバッグ
Quella borsa
クウェッラ　ボルサ

❷ これらの本は私のです。
_____

これらの本
Questi libri
クウェスティ　リーブリ

❸ これらのペンは彼女のです。
_____

これらのペン
Queste penne
クウェステ　ペンネ

答えと音声を確認しよう

もっと1 nostro, vostro, loro

	男性単数	男性複数	女性単数	女性複数
私たちの	**nostro** ノストロ	**nostri** ノストリ	**nostra** ノストラ	**nostre** ノストレ
君たちの あなたがたの	**vostro** ヴォストロ	**vostri** ヴォストリ	**vostra** ヴォストラ	**vostre** ヴォストレ

⇒ -oで終わる形容詞と同じ規則的な変化

彼らの 彼女らの	**loro** ローロ	**loro** ローロ	**loro** ローロ	**loro** ローロ

⇒ 変化しない

もっと2 名詞に直接かかる場合

名詞にかかるとき、定冠詞をつけ、名詞の前に置きます。

定冠詞	所有形容詞	名詞	
la ラ	mia ミーヤ	macchina マッキナ	（私の車）

家族を表す名詞の単数形にかかるとき、定冠詞が落ちます（ただし、loroは定冠詞をつける）。

定冠詞	所有形容詞	名詞	
－	mio ミーヨ	padre パードレ	（私の父）
il イル	loro ローロ	padre パードレ	（彼らの父）

A

❶ Quella borsa è tua?
クウェッラ ボルサ エ トゥーワ

❷ Questi libri sono miei.
クウェスティ リーブリ ソノ ミエーイ

❸ Queste penne sono sue.
クウェステ ペンネ ソノ スーウェ

まとめ

	男性単数	男性複数	女性単数	女性複数
私の	mio	miei	mia	mie
君の	tuo	tuoi	tua	tue
彼・彼女の	suo	suoi	sua	sue
あなたの	Suo	Suoi	Sua	Sue
私たちの	nostro	nostri	nostra	nostre
君たち・あなたがたの	vostro	vostri	vostra	vostre
彼ら・彼女らの	loro	loro	loro	loro

名詞にかかるとき 定冠詞 + 所有形容詞 + 名詞

Q 単語をヒントに作文してみよう。

❶ それは彼の本です。

〜だ 本
È, il libro
エ イル リーブロ

❷ それは私たちの車です。

〜だ 車
È, la macchina
エ ラ マッキナ

❸ それは君たちのペン？

〜だ ペン
Sono, le penne
ソノ レ ペンネ

❹ それは君のペンですか？

〜だ ペン
È, la penna
エ ラ ペンナ

❺ それは私たちのノートです。

〜だ ノート
Sono, i quaderni
ソノ イ クゥワデルニ

答えと音声を確認しよう

+α 「彼の」「彼女の」は suo

形容詞 suo は、文脈から「彼の」「彼女の」「あなたの」のどの意味かを考える必要があります（Suo（あなたの）は大文字で書かれない場合もあります）。

la　　sua　　macchina
ラ　　スゥーワ　　マッキナ

彼の
彼女の　　｝車
あなたの

A

❶ È il suo libro.
エ イル スゥーウォ リーブロ

❷ È la nostra macchina.
エ ラ ノストラ マッキナ

❸ Sono le vostre penne?
ソノ レ ヴォストレ ペンネ

❹ È la tua penna?
エ ラ トゥーワ ペンナ

❺ Sono i nostri quaderni.
ソノ イ ノストリ クゥワデルニ

9 「〜がある」

本が1冊あります。

C'è un libro.
チェ　ウン　リーブロ

これだけ

「〜がある」

c'è ＋ 単数形のもの　C'è un libro. (本が1冊ある)
チェ　　　　　　　　　　チェ　ウン　リーブロ

ci sono ＋ 複数形のもの　Ci sono due libri. (本が2冊ある)
チ ソーノ　　　　　　　　　チ　ソノ　ドゥウェ リーブリ

Q 単語をヒントに作文してみよう。

❶ 面白い番組があるよ。

番組1つ　　　興味深い
un programma, interessante
ウン プログランマ　　インテレッサンテ

_____

❷ ここにはペンが2本ある。

ここに　ペン2本
Qui, due penne
クウィ　ドゥウェ ペンネ

_____

❸ この近くに銀行はありますか？

銀行1つ　　　ここの近くに
una banca, qui vicino
ウナ　バンカ　　クウィ ヴィチーノ

答えと音声を確認しよう

もっと1 「～がない」

non c'è + 単数形のもの
ノン チェ

non ci sono + 複数形のもの
ノン チ ソーノ

Non c'è tempo.（時間がない）
ノン チェ テンポ

もっと2 人が「いる」

c'è, ci sono は「（人が）いる」というときにも使えます。

C'è Anna? - No, non c'è.（「アンナはいる？」「ううん、いないよ」）
チェ アンナ　　ノ　ノン チェ

Ci sono sei studenti italiani.（イタリア人学生が6人います）
チ ソノ　セイ　ストゥデンティ　イタリヤーニ

A

❶ C'è un programma interessante.
チェ ウン プログランマ インテレッサンテ

❷ Qui ci sono due penne.
クウィ チ ソノ ドゥウェ ペンネ

❸ C'è una banca qui vicino?
チェ ウナ バンカ クウィ ヴィチーノ

まとめ

❶「〜がある」「〜がいる」
c'è ＋ 単数のもの
ci sono ＋ 複数のもの

❷「〜がない」「〜がいない」
non c'è ＋ 単数のもの
non ci sono ＋ 複数のもの

Q 単語をヒントに作文してみよう。

❶ ピサに行くには2つ方法がある。

> 2つの方法 ピサに行くためには
> **due modi, per andare a Pisa**
> ドゥウェ モーディ ペランダーレ ア ピーザ

❷ 今日は授業がない。

> 今日 〜ない 授業
> **Oggi, non, lezione**
> オッジ ノン レッツィヨーネ

❸ ジョルジョとロベルタもいます。

> 〜も ジョルジョとロベルタ
> **anche, Giorgio e Roberta**
> アンケ ジョルジョ エ ロベルタ

❹ この近くにスーパーはありますか？

> スーパーマーケット ここの近くに
> **un supermercato, qui vicino**
> ウン スーペルメルカート クウィ ヴィチーノ

❺ 庭に猫が1匹いる。

> 猫1匹 庭に
> **un gatto, in giardino**
> ウン ガット イン ジャルディーノ

答えと音声を確認しよう

+α 数字の言い方 21〜100

20 venti ヴェンティ	30 trenta トレンタ	40 quaranta クゥワランタ	50 cinquanta チンクゥワンタ	
60 sessanta セッサンタ	70 settanta セッタンタ	80 ottanta オッタンタ	90 novanta ノヴァンタ	100 cento チェント

「1の位」は、後ろにそのまま続けます。

⇒ 24 **ventiquattro** 107 **centosette**
　　　ヴェンティクゥワットロ　　　チェントセッテ

ただし、20〜90の「1の位」が1、8のとき、最後の母音を落としてつけます。

⇒ 31 **trentuno**　　38 **trentotto**
　　　トレントゥーノ　　　　トレントット

Ci sono **ventotto** gatti. (猫が28匹います)
チ ソノ　ヴェントット　ガッティ

「〜がある」

A

❶ Ci sono due modi per andare a Pisa.
チ ソノ ドゥウェ モーディ ペランダーレ ア ピーザ

❷ Oggi non c'è lezione.
オッジ ノン チェ レッツィヨーネ

❸ Ci sono anche Giorgio e Roberta.
チ ソノ アンケ ジョルジョ エ ロベルタ

❹ C'è un supermercato qui vicino?
チェ ウン スゥペルメルカート クウィ ヴィチーノ

❺ C'è un gatto in giardino.
チェ ウン ガット イン ジャルディーノ

10 疑問形容詞

本は何冊ありますか？

Quanti libri ci sono?
クゥワンティ　リーブリ　チ　ソーノ

これだけ

quanto「いくつの、どれくらいの量の」

男性単数	男性複数	女性単数	女性複数
quanto	quanti	quanta	quante
クゥワント	クゥワンティ	クゥワンタ	クゥワンテ

・quanto (quanta) ＋数えられない名詞
quanto zucchero c'è ancora? (まだ砂糖は**どのくらい**ある？)
クゥワント　ズッケロ　チェ　アンコーラ

・quanti (quante) ＋数えられる名詞
quante riviste ci sono? (雑誌は**何冊**ありますか？)
クゥワンテ　リヴィステ　チ　ソーノ

Q 単語をヒントに作文してみよう。

❶ ワインはまだどのくらいある？

ワイン　ある　まだ
vino, c'è, ancora
ヴィーノ　チェ　アンコーラ

❷ まだどのくらいのビールがある？

ビール　ある　まだ
birra, c'è, ancora
ビッラ　チェ　アンコーラ

❸ 本は何冊ありますか？

本　ある
libri, ci sono
リーブリ　チ　ソーノ

答えと音声を確認しよう

もっと1 che「何の」「どんな」

che ＋ 名詞　⇒ cheは無変化
ケ

Che musica mettiamo?（どんな音楽をかけようか？）
ケ　　ムーズィカ　　メッティヤーモ
＊mettiamo＜mettere（(音楽を)かける）

Che lavoro fai?（君は何の仕事をしているの？）
ケ　　ラヴォーロ　ファイ
＊fai＜fare（する）

もっと2 quale「どの」「どちらの」

quale ＋ 名詞の単数形　quali ＋ 名詞の複数形
クゥワレ　　　　　　　　　クゥワリ

Quale vino compriamo?（どのワインを買おうか？）
クゥワレ　ヴィーノ　コンプリヤーモ
＊compriamo＜comprare（買う）

Quali libri compriamo?（どの本を買おうか？）
クゥワリ　リーブリ　コンプリヤーモ

疑問形容詞 10

A

❶ Quanto vino c'è ancora?
　クゥワント ヴィーノ チェ アンコーラ

❷ Quanta birra c'è ancora?
　クゥワンタ ビッラ チェ アンコーラ

❸ Quanti libri ci sono?
　クゥワンティ リーブリ チ ソーノ

まとめ

❶ quanto「いくつの、どれくらいの」
 →quanto, quanti, quanta, quante

❷ che「何の、どんな」 →cheのまま

❸ quale「どの、どちらの」 →単数quale、複数quali

Q 単語をヒントに作文してみよう。

❶ どの雑誌を買おうか？
雑誌　　　（私たちは）買う
riviste f pl, compriamo
リヴィステ　コンプリヤーモ

❷ 車は何台ありますか？
車　　　　　　　ある
macchine f pl, ci sono
マッキネ　　　チ ソーノ

❸ 何のワインを買おうか？
ワイン（私たちは）買う
vino, compriamo
ヴィーノ　コンプリヤーモ

❹ コーヒー豆はまだどれくらいある？
コーヒー　　ある　まだ
caffè m, c'è, ancora
カッフェ　　チェ　アンコーラ

❺ どの映画を見ようか？
映画（私たちは）見る
film, vediamo
フィルム　ヴェディヤーモ

答えと音声を確認しよう

+α　che「何の」と quale「どの」

che 　「何の、どんな」　　　　　　　　　　〔英〕what
ケ

quale 　「（いくつか候補があるうち）どちらの」　〔英〕which
クゥワーレ

che、quale のどちらを使っても実質的な意味は変わらないことがよくあります。

Che film vediamo?（何の映画を見ようか？）
ケ　　フィルム　ヴェディヤーモ
＊vediamo ＜ vedere（見る）

Quale film vediamo?（どの映画を見ようか？）
クゥワレ　フィルム　ヴェディヤーモ

疑問形容詞

A

❶ Quali riviste compriamo?
クゥワリ リヴィステ コンプリヤーモ

❷ Quante macchine ci sono?
クゥワンテ マッキネ チ ソーノ

❸ Che vino compriamo?
ケ ヴィーノ コンプリヤーモ

❹ Quanto caffè c'è ancora?
クゥワント カッフェ チェ アンコーラ

❺ Quale film vediamo?
クゥワレ フィルム ヴェディヤーモ

まとめのドリル 2

1 日本語訳を参考に、形容詞を適切な形にして入れてみよう。

① Vorrei una macchina (　　　　). [verde]
私は緑色の車が1台欲しいものだ。

② Anna è molto (　　　　). [alto]
アンナはとても背が高い。

③ Vorrei due quaderni (　　　　). [rosso]
私は赤いノートが2冊欲しいのですが。

④ È la (　　　　) borsa. [mio]
それは私のバッグです。

⑤ Vorrei (　　　　) quaderno. [quello]
私はあのノートが欲しいのですが。

⑥ (　　　　) penna è (　　　　)? [questo, tuo]
このペンは君の？

⑦ (　　　　) libri sono (　　　　). [quello, suo]
あれらの本は彼女のです。

2 「〜がある」「〜がいる」という表現を入れてみよう。

① (　　　　) una banca qui vicino?
この近くに銀行はありますか？

② Qui (　　　　) due libri italiani.
ここにはイタリアの本が2冊あります。

③ (　　　　) Francesco? - No, non (　　　　).
フランチェスコはいる？　— ううん、いないよ。

3 日本語訳を参考に、疑問形容詞を入れてみよう。

❶ (　　　　) riviste compriamo?　　　　　　[quanto]
雑誌は何冊買おうか？

❷ (　　　　) lavoro fai?　　　　　　　　　　[che]
君は何の仕事をしているの？

❸ (　　　　) studenti ci sono?　　　　　　　[quanto]
学生は何人いるの？

❹ (　　　　) rivista compriamo?　　　　　　[quale]
どの雑誌を買おうか？

❺ (　　　　) penne ci sono?　　　　　　　　[quanto]
ペンは何本ある？

こたえ

1
❶ Vorrei una macchina verde.
❷ Anna è molto alta.
❸ Vorrei due quaderni rossi.
❹ È la mia borsa.
❺ Vorrei quel quaderno.
❻ Questa penna è tua?
❼ Quei libri sono suoi.

2
❶ C'è una banca qui vicino?
❷ Qui ci sono due libri italiani.
❸ C'è Francesco? - No, non c'è.

3
❶ Quante riviste compriamo?
❷ Che lavoro fai?
❸ Quanti studenti ci sono?
❹ Quale rivista compriamo?
❺ Quante penne ci sono?

学校の教科書

コラム2

　イタリアでは義務教育の教科書が無償提供されないので、各家庭で買い揃える必要があります。新品を買うと家計を圧迫する……ということで、中古品が出回り、街の古本屋さんやオンラインで購入できます。日本では無料で提供され、常に自分だけの新品が使えることのすばらしさに今さらながら感謝。

　あるネット書店では、教科書の新品と中古品を取り扱っており、州、町、学校のカテゴリー、学校名、クラス名の順にすすむと、採用教科書一覧を見ることができます。中古品の販売価格は、定価の一律60パーセント。古本とはいえ、なかなか高価です。

　私が古本屋で買った教科書は、全品1ユーロで叩き売りされていたものでした。「誰がこんな、メモ、下線マーカー、落書き、練習問題への書き込みだらけの教科書を買うのだろう……」と思うようなものも多く混ざっていました。購入しようとレジにテキストの山を持っていくと、店員さんが浮かない顔をします。「この状態では、ちょっと買い取れませんねえ……」。いやいや、買取希望ではなく、「そんな状態のもの」を私が客として購入するんですよ、買取を拒否するようなものを売っているなんて、ちょっとおかしくないですか？

　こんな書き込みだらけの中古教科書で勉強させられる小中学生がいたら気の毒なように思いますが、イタリアではあまり気にしないのかもしれません。ただ、使用済み教科書を古本屋さんに持ち込む前に、本に貼った「子どもの名前＆クラス」シールくらいはがしたらどうでしょう……。

STEP 3

11 動詞 avere

私は25歳です。

Ho venticinque anni.
オ　　ヴェンティチンクゥウェ　　アンニ

---

avere (持っている)
アヴェーレ

io	**ho** オ	noi	**abbiamo** アッビヤーモ
tu	**hai** アイ	voi	**avete** アヴェーテ
lui / lei / Lei	**ha** ア	loro	**hanno** アンノ

＊年齢は「〜歳を持っています」と表現する。

Q 単語をヒントに作文してみよう。

❶ 私は19歳です。
_____

19歳
diciannove anni
ディチャンノーヴェ　　アンニ

❷ 彼は34歳です。
_____

34歳
trentaquattro anni
トレンタクゥワットロ　　アンニ

❸ 君は何歳？
_____

いくつの年
Quanti anni
クゥワンティ　　アンニ

答えと音声を確認しよう

もっと1 「(家族・ペット)がいる」

avere un fratello (兄(弟)が1人いる)
アヴェーレ ウン フラテッロ

avere una sorella (姉(妹)が1人いる)
アヴェーレ ウナ ソレッラ

avere un cane (犬を1匹飼っている)
アヴェーレ ウン カーネ

avere un gatto (猫を1匹飼っている)
アヴェーレ ウン ガット

Ho due fratelli. (兄弟が2人います)
オ ドゥウェ フラテッリ

もっと2 動詞avereを使ったさまざまな表現

avere caldo (暑く感じる)
アヴェーレ カルド

avere freddo (寒く感じる)
アヴェーレ フレッド

avere fretta (急いでいる)
アヴェーレ フレッタ

avere tempo (時間がある)
アヴェーレ テンポ

Non ho caldo. (暑くありません)
ノノ カルド

A

❶ Ho diciannove anni.
オ ディチャンノーヴェ アンニ

❷ Ha trentaquattro anni.
ア トレンタクゥワットロ アンニ

❸ Quanti anni hai?
クゥワンティ アンニ アーイ

まとめ

❶ 動詞 avere の活用はとても不規則！
io **ho**, tu **hai**, lui **ha**, noi **abbiamo**, voi **avete**, loro **hanno**

❷ イタリア語では「h」を発音しないので、「ho」は「オ」。

❸ 年齢を言うときは avere を使う。
Ho ～ anni.（私は～歳です）

Q 単語をヒントに作文してみよう。

❶ 私は今日時間がない。
～ない　時間　今日
Non, tempo, oggi
ノン　テンポ　オッジ

❷ 君たち、暑い？
暑さ
caldo
カルド

❸ 私たちは猫を1匹飼っています。
猫1匹
un gatto
ウン　ガット

❹ アンナには姉が1人いる。
アンナ　姉1人
Anna, una sorella
アンナ　ウナ　ソレッラ

❺ 君は急いでいるの？
急ぎ
fretta
フレッタ

答えと音声を確認しよう

+α avere の定番表現

日常でよく耳にする、動詞 avere を使ったそのほかの表現も覚えましょう。

avere fame（お腹がすいている）
アヴェーレ ファーメ

avere sete（のどが乾いている）
アヴェーレ セーテ

avere sonno（眠い）
アヴェーレ ソンノ

avere paura（怖い）
アヴェーレ パウーラ

A

① Non ho tempo oggi.
ノノ テンポ オッジ

② Avete caldo?
アヴェーテ カルド

③ Abbiamo un gatto.
アッピヤーモ ウン ガット

④ Anna ha una sorella.
アンナ ア ウナ ソレッラ

⑤ Hai fretta?
アイ フレッタ

12 規則動詞の現在形 -are, -ere

CD 25

東京で働いています。

Lavoro a Tokyo.
ラヴォーロ　ア　トーキョ

これだけ

イタリア語の動詞は不定詞が-are、-ere、-ireで終わります。規則的に変化する動詞は、-areなどをとって、主語によって決まった語尾をつけます。

lavorare（働く）
ラヴォラーレ

io	**lavoro** ラヴォーロ	noi	**lavoriamo** ラヴォリヤーモ
tu	**lavori** ラヴォーリ	voi	**lavorate** ラヴォラーテ
lui / lei / Lei	**lavora** ラヴォーラ	loro	**lavorano** ラヴォーラノ

Q 単語をヒントに作文してみよう。

❶ 私はたくさん働きます。

とても
molto
モルト

❷ 君は今日も働くの？

今日も
anche oggi
アンケ　オッジ

❸ 私たちはイタリアで働いています。

イタリアで
in Italia
イニターリヤ

答えと音声を確認しよう

もっと1 -iareで終わる動詞

-iareで終わる動詞は、-areで終わる動詞と少し活用パターンが違います。主語がtuとnoiのとき、-ii-と重なりません。

studiare（勉強する）
ストゥディヤーレ

io	**studio** ストゥーディヨ	noi	**studiamo** ストゥディヤーモ
tu	**studi** ストゥーディ	voi	**studiate** ストゥディヤーテ
lui / lei / Lei	**studia** ストゥーディヤ	loro	**studiano** ストゥーディヤノ

もっと2 -ereで終わる動詞

prendere（注文する、取る、（乗り物に）乗る）
プレンデレ

io	**prendo** プレンド	noi	**prendiamo** プレンディヤーモ
tu	**prendi** プレンディ	voi	**prendete** プレンデーテ
lui / lei / Lei	**prende** プレンデ	loro	**prendono** プレンドノ

規則動詞の現在形 -are, -ere

A

❶ Lavoro molto.
ラヴォーロ モルト

❷ Lavori anche oggi?
ラヴォーリ アンケ オッジ

❸ Lavoriamo in Italia.
ラヴォリヤーモ イニターリヤ

まとめ

❶ -are で終わる動詞：-o, -i, -a, -iamo, -ate, -ano をつける。

❷ -iare で終わる動詞：-o, - , -a, -amo, -ate, -ano をつける。

❸ -ere で終わる動詞：-o, -i, -e, -iamo, -ete, -ono をつける。

Q 単語をヒントに作文してみよう。

❶ 君は何を勉強しているの？

何
Che cosa
ケ コーザ

❷ 私はイタリア語を勉強しています。

イタリア語
l'italiano
リタリヤーノ

❸ 彼はコーヒーを1杯注文する。

コーヒー1杯
un caffè
ウン カッフェ

❹ 私たち、何か注文しようか？

何らかのものを
qualcosa
クゥワルコーザ

❺ 君はどこで働いているの？

どこで
Dove
ドーヴェ

答えと音声を確認しよう

+α そのほかの規則変化動詞

parlare（話す）
パルラーレ

io	parl**o**	noi	parl**iamo**
	パルロ		パルリヤーモ
tu	parl**i**	voi	parl**ate**
	パルリ		パルラーテ
lui / lei / Lei	parl**a**	loro	parl**ano**
	パルラ		パルラノ

leggere（読む）
レッジェレ

io	legg**o**	noi	legg**iamo**
	レッゴ		レッジャーモ
tu	legg**i**	voi	legg**ete**
	レッジ		レッジェーテ
lui / lei / Lei	legg**e**	loro	legg**ono**
	レッジェ		レッゴノ

A

❶ Che cosa studi?
ケ コザ ストゥーディ

❷ Studio l'italiano.
ストゥーディヨ リタリヤーノ

❸ Prende un caffè.
プレンデ ウン カッフェ

❹ Prendiamo qualcosa?
プレンディヤーモ クゥワルコーザ

❺ Dove lavori?
ドヴェ ラヴォーリ

13 規則動詞の現在形 -ire

CD 27

明日出発します。

Parto domani.
パルト　　　ドマーニ

これだけ

-ire で終わる動詞の変化
partire（出発する）
パルティーレ

io	part**o** パルト	noi	part**iamo** パルティヤーモ
tu	part**i** パルティ	voi	part**ite** パルティーテ
lui / lei / Lei	part**e** パルテ	loro	part**ono** パルトノ

Q 単語をヒントに作文してみよう。

❶ 君たちはいつ出発するの？

＿＿＿＿＿＿＿＿＿＿＿＿＿＿＿＿＿

❷ 私たちは今日出発します。

＿＿＿＿＿＿＿＿＿＿＿＿＿＿＿＿＿

❸ 私はイタリアへ出発します。

＿＿＿＿＿＿＿＿＿＿＿＿＿＿＿＿＿

いつ
Quando
クゥワンド

今日
oggi
オッジ

イタリアへ向けて
per l'Italia
ペル リターリヤ

答えと音声を確認しよう

もっと1 isc型の-ire動詞

-ireで終わる動詞には、partireとは違う変化をするものがあります。noiとvoi以外で「isc」が出てくるのが特徴です。

finire（終わる、終える）
フィニーレ

io	**finisco** フィニスコ	noi	**finiamo** フィニヤーモ
tu	**finisci** フィニッシ	voi	**finite** フィニーテ
lui / lei / Lei	**finisce** フィニッシェ	loro	**finiscono** フィニスコノ

同様の活用をする動詞に、capire（理解する：capisco, capisci, capisce ...）などがあります。

もっと2 partire per 〜「〜へ出発する」の使い方

partire per ＋町   partire per Milano
　　　　　　　　　　　　パルティーレ ペル ミラーノ
　　　　　　　　　　　　（ミラノへ出発する）

partire per ＋定冠詞＋国   partire per l'Italia
　　　　　　　　　　　　パルティーレ ペル リターリヤ
　　　　　　　　　　　　（イタリアへ出発する）

A
❶ Quando partite?
クゥワンド パルティーテ

❷ Partiamo oggi.
パルティヤーモ オッジ

❸ Parto per l'Italia.
パルト ペル リターリヤ

ま と め

-ireで終わる動詞の変化は2パターンある。

❶ partire型：-o, -i, -e, -iamo, -ite, -onoをつける。

❷ finire型：-isco, -isci, -isce, -iamo, -ite, isconoをつける。

Q 単語をヒントに作文してみよう。

❶ 間もなく私は仕事を終える。

間もなく　仕事
Fra poco, il lavoro
フラ ポーコ　イル ラヴォーロ

❷ 私はフランス語がわからない。

〜ない　フランス語
Non, il francese
ノン　イル フランチェーゼ

❸ 彼らは1週間後に出発する。

1週間後に
fra una settimana
フラ　ウナ　セッティマーナ

❹ 君はドイツ語がわかる？

ドイツ語
il tedesco
イル テデスコ

❺ 明日、私はフィレンツェへ出発する。

明日　フィレンツェへ向けて
Domani, per Firenze
ドマーニ　ペル　フィレンツェ

答えと音声を確認しよう

+α 「〜後に」の言い方

前置詞「fra」のあとに時間の表現を続けます。

1時間後に	fra un'ora フラ ウノーラ	2時間後に	fra due ore フラ ドゥウェ オーレ
1週間後に	fra una settimana フラ ウナ セッティマーナ	3週間後に	fra tre settimane フラ トレ セッティマーネ
1か月後に	fra un mese フラ ウン メーゼ	4か月後に	fra quattro mesi フラ クゥワットロ メーズィ
1年後に	fra un anno フラ ウナンノ	5年後に	fra cinque anni フラ チンクゥウェ アンニ

Parto per l'Italia fra un anno.
パルト ペル リターリヤ フラ ウナンノ
（私はイタリアへ1年後に出発します）

A

❶ Fra poco finisco il lavoro.
フラ ポーコ フィニスコ イル ラヴォーロ

❷ Non capisco il francese.
ノン カピスコ イル フランチェーゼ

❸ Partono fra una settimana.
パルトノ フラ ウナ セッティマーナ

❹ Capisci il tedesco?
カピッシ イル テデスコ

❺ Domani parto per Firenze.
ドマーニ パルト ペル フィレンツェ

規則動詞の現在形 -ire

14 疑問詞

君は何を勉強しているの？

Che cosa studi?
ケ　　コザ　　ストゥーディ

これだけ

che cosa / cosa / che ケ　コーザ　コーザ　ケ	何を、何が
chi キ	誰を、誰が

Che cosa (Cosa / Che) c'è dentro?（中に何が入っているの？）
ケ　コーザ　（コーザ　/　ケ　）チェ　デントロ

＊dentro：中に

Chi compra il latte?（誰が牛乳を買うの？）
キ　コンプラ　イル ラッテ

Q 単語をヒントに作文してみよう。

❶ 君は何を飲む？
_____

飲む
prendere
プレンデレ

❷ 君たちは何を読む？
_____

読む
leggere
レッジェレ

❸ 誰がパンを買うの？
_____

買う　　　パン
comprare, il pane
コンプラーレ　イル パーネ

答えと音声を確認しよう

もっと1 「どこ？」「なぜ？」

dove ドーヴェ	どこに、どこで
perché ペルケ	なぜ、どうして

Dove lavori?（君はどこで働いているの？）
ドヴェ　　ラヴォーリ

Perché studi l'italiano?（どうしてイタリア語を勉強しているの？）
ペルケ　　ストゥーディ リタリヤーノ

もっと2 「いつ？」「何時に？」

quando クゥワンド	いつ
a che ora ア ケ　オーラ	何時に

Quando parti per il Giappone?（君はいつ日本へ出発するの？）
クゥワンド　　パルティ　ペリル　　ジャッポーネ

A che ora finisci il lavoro?（君は何時に仕事を終える？）
ア　ケ　　オーラ フィニッシ イル ラヴォーロ

A

❶ Che cosa (Cosa / Che) prendi?
ケ コザ（コザ / ケ）プレンディ

❷ Che cosa (Cosa / Che) leggete?
ケ コザ（コザ / ケ）レッジェーテ

❸ Chi compra il pane?
キ コンプラ イル パーネ

疑問詞

まとめ

❶ che cosa, cosa, che　　何

❷ chi　　誰

❸ dove　　どこ

❹ perché　　なぜ

❺ quando　　いつ

❻ a che ora　　何時に

Q 単語をヒントに作文してみよう。

❶ 君たちはどこでイタリア語を勉強しているの？

　勉強する　イタリア語
　studiare, l'italiano
　ストゥディヤーレ　リタリヤーノ

❷ 君はなぜ今日も働くの？

　働く　　　今日も
　lavorare, anche oggi
　ラヴォラーレ　アンケ　オッジ

❸ 私たち、何を飲もうか？

　飲む
　prendere
　プレンデレ

❹ 君はいつマリーアと話すの？

　話す　　マリーアと
　parlare, con Maria
　パルラーレ　コン　マリーヤ

❺ 君たちは何時に仕事を終えるの？

　終える　仕事
　finire, il lavoro
　フィニーレ　イル ラヴォーロ

答えと音声を確認しよう

+α 疑問詞始まりの文での主語の位置

Che cosa studia Luisa? （ルイーザは何を勉強しているの？）
ケ　　コザ　　ストゥーディヤ　ルイーザ
　　　　　　　動詞　　　　主語　⇒主語は動詞のあと

＊ただし、perché「なぜ」で始まる文では「主語＋動詞」の順も多い。

A

① Dove studiate l'italiano?
ドヴェ ストゥディヤーテ リタリヤーノ

② Perché lavori anche oggi?
ペルケ ラヴォーリ アンケ オッジ

③ Che cosa (Cosa / Che) prendiamo?
ケ コザ（コザ / ケ）プレンディヤーモ

④ Quando parli con Maria?
クゥワンド パルリ コン マリーヤ

⑤ A che ora finite il lavoro?
ア ケ オーラ フィニーテ イル ラヴォーロ

15 前置詞

私は京都出身です。

Sono di Kyoto.
ソノ　ディ　キョート

これだけ

di ディ	《所有》〜の 《出身》〜出身の
con コン	《誰と》〜と一緒に 《手段》〜を使って

Sono di Kobe.（私は神戸出身です）
ソノ　ディ　コーベ　　　　　＊diの後ろは「国」ではなく「都市、町」を続ける。

Questo libro è di Stefano.（この本はステーファノのです）
クウェスト　リーブロ　エ　ディ　ステーファノ

Lavori con Mario?（君はマリオと一緒に働いているの？）
ラヴォーリ　コン　マーリヨ

Q 単語をヒントに作文してみよう。

❶ この自転車はクリスティーナのです。

> この自転車　　　クリスティーナ
> **Questa bicicletta, Cristina**
> クウェスタ　ビチクレッタ　　クリスティーナ

❷ 私は母と一緒に中国へ出発する。

> 出発する　中国へ向けて　私の母
> **partire, per la Cina, mia madre**
> パルティーレ ペル ラ チーナ　ミーヤ マードレ

❸ あなたはローマのご出身ですか？

> 〜だ　　　ローマ
> **essere, Roma**
> エッセレ　　ローマ

答えと音声を確認しよう

もっと1 行き先や場所の前置詞

場所「〜に」「〜で」の前置詞は、国名か都市名かによって何を使うかが決まっています。

in + 国   in Italia （イタリアに/で）
イン   イニターリヤ

a + 町   a Firenze （フィレンツェに/で）
ア   ア フィレンツェ

Mia sorella lavora in Germania. （私の姉はドイツで働いている）
ミーヤ ソレッラ ラヴォーラ イン ジェルマーニヤ

Mio fratello studia a Milano. （私の弟はミラノで勉強している）
ミーヨ フラテッロ ストゥーディヤ ア ミラーノ

もっと2 いろいろな意味をもつ前置詞 da

da 《場所》 〜から
ダ   《時間》 〜から、〜前から
     《場所》 〜のところに/で、〜の家に/で

da Roma （ローマから）   da ieri （昨日から）
ダ ローマ   ダ イエーリ

da un mese （1カ月前から）   da Luigi （ルイージの家に/で）
ダ ウン メーゼ   ダ ルイージ

A

❶ Questa bicicletta è di Cristina.
クウェスタ ビチクレッタ エ ディ クリスティーナ

❷ Parto per la Cina con mia madre.
パルト ペル ラ チーナ コン ミーヤ マードレ

❸ È di Roma?
エ ディ ローマ

まとめ

❶ di 　　　　　　〜の、〜出身の

❷ con 　　　　　〜と一緒に、〜を使って

❸ in ＋ 国 　　　〜に、〜で

❹ a ＋ 町 　　　〜に、〜で

❺ da 　　　　　〜から、〜前から、〜の家に / で

Q 単語をヒントに作文してみよう。

❶ 私は1週間前から銀行で働いている。

> 働く　銀行で　1週間
> **lavorare, in banca, una settimana**
> ラヴォラーレ　イン　バンカ　ウナ　セッティマーナ

❷ 私はしょっちゅう母と話す。

> 話す　よく　私の母
> **parlare, spesso, mia madre**
> パルラーレ　スペッソ　ミーヤ　マードレ

❸ 彼は東京で日本語を勉強している。

> 勉強する　日本語
> **studiare, il giapponese**
> ストゥディヤーレ　イル　ジャッポネーゼ

❹ 彼らはフランスで働いている。

> 働く　フランス
> **lavorare, Francia**
> ラヴォラーレ　フランチャ

❺ アンナはルイーザの家にいる。

> アンナ　〜にいる　ルイーザ
> **Anna, essere, Luisa**
> アンナ　エッセレ　ルイーザ

答えと音声を確認しよう

+α 場所の前置詞の3パターン

「〜に」「〜で」の前置詞にinとaのどちらを使うか——公共の施設（駅、学校、劇場など）や店などは、3パターンのどれかです。

① a を使う　　　　a scuola（学校に）　　a teatro（劇場に）
　　　　　　　　　　ア スクゥオーラ　　　　ア テアートロ

② in を使う　　　in libreria（書店に）　in ufficio（職場に）
　　　　　　　　　　イン リブレリーヤ　　　イヌッフィーチョ

③ a + 定冠詞 を使う　alla stazione（駅に）　al mercato（市場に）
　　　　　　　　　　　　アッラ スタッツィヨーネ　アル メルカート

＊あまり規則性がないので、名詞ごとに覚える。

いくつかの前置詞は、後ろに続く定冠詞と結合します。

```
a   +   il    la    i    le
→       al    alla  ai   alle
        アル  アッラ アイ アッレ

da  +   il    la    i    le
→       dal   dalla dai  dalle
        ダル  ダッラ ダイ ダッレ
```

A

❶ Lavoro in banca da una settimana.
ラヴォーロ イン バンカ ダ ウナ セッティマーナ

❷ Parlo spesso con mia madre.
パルロ スペッソ コン ミーヤ マードレ

❸ Studia il giapponese a Tokyo.
ストゥーディヤ イル ジャッポネーゼ ア トーキョ

❹ Lavorano in Francia.
ラヴォーラノ イン フランチャ

❺ Anna è da Luisa.
アンナ エ ダ ルイーザ

まとめのドリル 3

1 日本語訳を参考に、動詞を活用させて文を完成させよう。

① Io non (　　　　) fame.　　　　　　　　　　　[avere]
私はおなかがすいていない。

② Anna e Luigi (　　　　) in Giappone.　　　　　[lavorare]
アンナとルイージは日本で働いている。

③ Voi (　　　　) caldo?　　　　　　　　　　　　[avere]
君たちは暑い？

④ Domani (　　　　) per Firenze.　　　　　　　[partire]
私たちは明日、フィレンツェへ出発します。

⑤ Adesso (　　　　) un libro.　　　　　　　　　[leggere]
私はいまから本を読みます。

2 日本語訳を参考に、疑問詞を入れてみよう。

① (　　　　) c'è?
誰がいるの？

② (　　　　) lavora Marisa?
マリーザはどこで働いているの？

③ (　　　　) finite il lavoro?
君たちは何時に仕事を終えるの？

④ (　　　　) partite per l'Italia?
君たちはいつイタリアへ出発するの？

⑤ (　　　　) non parli?
君はどうして話さないの（黙っているの）？

3 日本語訳を参考に、前置詞を入れてみよう。

① Siamo (　　　) Tokyo.
私たちは東京出身です。

② Mia sorella studia lo spagnolo (　　　) Barcellona.
私の姉はバルセロナでスペイン語を勉強しています。

③ Parlo spesso (　　　) Marcello.
私はしょっちゅうマルチェッロと話します。

④ Lavoro in questa ditta (　　　) un mese.
私は1カ月前からこの会社で働いています。

⑤ Lavorano (　　　) Spagna.
彼らはスペインで働いています。

こたえ

1
① Io non ho fame.
② Anna e Luigi lavorano in Giappone.
③ Voi avete caldo?
④ Domani partiamo per Firenze.
⑤ Adesso leggo un libro.

2
① Chi c'è?
② Dove lavora Maria?
③ A che ora finite il lavoro?
　＊Quandoを入れると、時刻ではなく「明日」や「来週」という返事を期待する質問になる。
④ Quando partite per l'Italia?
⑤ Perché non parli?

3
① Siamo di Tokyo.
② Mia sorella studia lo spagnolo a Barcellona.
③ Parlo spesso con Marcello.
④ Lavoro in questa ditta da un mese.
⑤ Lavorano in Spagna.

イタリアの小学校

コラム3

　イタリアの小学校では、登下校に保護者の付き添いが必要です。まれに、スクールバスを運行している学校もあります。忙しい朝、車や徒歩で子どもたちを学校へ送っていくのは大変ですが、下校時のお迎えはさらに大変です。共働きの家庭も多いので、お父さんお母さんたちはそれぞれの勤務時間をやりくりしながら、なんとか切り抜けているようです。

　「お迎え」が必要な下校時間は、学校によってまちまちです。小学校はお昼までのところと、午後も授業をするところがあります。午後も授業がある場合は給食が出ますが、お昼までなら、「お迎え」に加え、子どもたちに昼食を用意しなければなりません。勤務上それがどうしても難しいとき、おじいちゃん、おばあちゃんに頼れる家庭は、大いに助けてもらっているようです。

　小学生は、その日に使う教科書やノート類、筆記用具を入れた通学用リュックを背負って学校に通います。昔は、日本と同じような革または合皮のランドセルタイプ（ただし横長）も使われていましたが、いまではナイロン製のリュックが主流です。その登校時のリュックが、背負うと大人でも肩がちぎれそうなくらい重く、子どもたちの健康に悪影響を与える、と問題になっています。そこで、キャスターつきのキャリーバッグも使われだしました。

　イタリアの学校では、昼食の給仕や教室の掃除は、用務員さんなどの大人のスタッフが担当します。イタリアの給食のメニューが、『イタリアの子どもたち』（学研、2002年）という本で紹介されています。なかなかおいしそうです。

STEP 4

16 不規則活用の動詞

スーパーに行こうか？

Andiamo al supermercato?
アンディヤーモ　アル　スゥーペルメルカート

これだけ

動詞の中には、不規則な活用をするものがあります。その動詞が規則活用か不規則活用かは、不定詞の見た目からは判断できません。

andare（行く）
アンダーレ

io	**vado** ヴァード	noi	**andiamo** アンディヤーモ
tu	**vai** ヴァーイ	voi	**andate** アンダーテ
lui / lei / Lei	**va** ヴァ	loro	**vanno** ヴァンノ

Q 単語をヒントに作文してみよう。

❶ 彼らは学校に行きます。

学校に
a scuola
ア　スクウォーラ

❷ 君たちは明日どこに行くの？

どこに　明日
Dove, domani
ドーヴェ　ドマーニ

❸ 私たちはジェラート屋さんに行きます。

アイスクリーム店に
in gelateria
イン　ジェラテリーヤ

答えと音声を確認しよう

venire (来る)
ヴェニーレ

io	**vengo** ヴェンゴ	noi	**veniamo** ヴェニヤーモ
tu	**vieni** ヴィエーニ	voi	**venite** ヴェニーテ
lui / lei / Lei	**viene** ヴィエーネ	loro	**vengono** ヴェンゴノ

もっと 1

fare (する、作る)
ファーレ

io	**faccio** ファッチョ	noi	**facciamo** ファッチャーモ
tu	**fai** ファーイ	voi	**fate** ファーテ
lui / lei / Lei	**fa** ファ	loro	**fanno** ファンノ

もっと 2

不規則活用の動詞

16

A

❶ Vanno a scuola.
ヴァンノ ア スクゥオーラ

❷ Dove andate domani?
ドヴェ アンダーテ ドマーニ

❸ Andiamo in gelateria.
アンディヤーモ イン ジェラテリーヤ

ま と め

❶ andare（行く）
  →vado, vai, va, andiamo, andate, vanno

❷ venire（来る）
  →vengo, vieni, viene, veniamo, venite, vengono

❸ fare（する、作る）
  →faccio, fai, fa, facciamo, fate, fanno

Q 単語をヒントに作文してみよう。

❶ 君はいつ宿題をするの？
_____

いつ　する　宿題
Quando, fare, i compiti
クゥワンド　ファーレ イ コンピティ

❷ 私はスーパーに行きます。
_____

行く　　スーパーに
andare, al supermercato
アンダーレ　アル スゥペルメルカート

❸ 君は何時にうちに来る？
_____

何時に　来る　私たちの家に
A che ora, venire, da noi
ア ケ　オーラ　ヴェニーレ ダ ノーイ

❹ 私は毎日シャワーを浴びます。
_____

シャワーを浴びる　毎日
fare la doccia, ogni giorno
ファーレ ラ ドッチャ　オンニ ジョールノ

❺ 誰がパーティーに来るの？
_____

誰が　来る　パーティーに
Chi, venire, alla festa
キ　ヴェニーレ　アッラ フェスタ

答えと音声を確認しよう

+α andare、venire の使い方

「相手の方に向かって行く」「相手と一緒に行く」「私(たち)と一緒に行く」と言うときは、**venire** を使います。

Vengo da te stasera.（今晩、君の家に行くよ）
ヴェンゴ ダ テ スタセーラ

andare や **venire** のあとに、「a＋不定詞」を続けると、「〜しに行く」「〜しに来る」と言うことができます。

Vado **a comprare** il giornale.（私は新聞を買いに行きます）
ヴァード ア コンプラーレ イル ジョルナーレ

Vieni **a mangiare** con noi stasera?
ヴィエーニ ア マンジャーレ コン ノイ スタセーラ
（今晩、私たちと一緒に食事をしに行かない？）

不規則活用の動詞 16

A

❶ Quando fai i compiti?
クゥワンド ファイ イ コンピティ

❷ Vado al supermercato.
ヴァード アル スゥペルメルカート

❸ A che ora vieni da noi?
ア ケ オラ ヴィエーニ ダ ノーイ

❹ Faccio la doccia ogni giorno.
ファッチョ ラ ドッチャ オンニ ジョールノ

❺ Chi viene alla festa?
キ ヴィエーネ アッラ フェスタ

17 再帰動詞

何時に起きるの？

A che ora ti alzi?
ア　ケ　　オーラ　ティ　アルツィ

これだけ

「自分自身を〜する」という言い方の動詞を**再帰動詞**と呼びます。「自分自身を」にあたるパーツ（＝**再帰代名詞 si**）は、主語によって **mi, ti, si, ci, vi, si** と変化します。

不定詞は、動詞本体の最後の e を落として再帰代名詞をくっつけます。

alzar**si**（起床する）　←　alzare（起こす）＋ **si**（自分自身を）
アルツァルスィ

io	**mi alzo** ミ　アルツォ	noi	**ci alziamo** チ　アルツィヤーモ
tu	**ti alzi** ティ　アルツィ	voi	**vi alzate** ヴィ　アルツァーテ
lui / lei / Lei	**si alza** スィ　アルツァ	loro	**si alzano** スィ　アルツァノ

Q 単語をヒントに作文してみよう。

❶ 彼らは7時に起きる。

_____

❷ 明日、私たちは6時に起きます。

_____

7時に
alle sette
アッレ　セッテ

明日　　6時に
Domani, alle sei
ドマーニ　アッレ　セイ

答えと音声を確認しよう

否定文の作り方

nonは再帰代名詞の前に置きます。

〜ない　起床する　まだ
Non mi alzo ancora.（私はまだ起きません）
ノン　ミ　アルツォ　アンコーラ

再帰代名詞が「自分自身に対して」という意味になるとき

・mettersi la giacca「ジャケットを着る」
　メッテルスィ　ラ　ジャッカ

私自身に対して　つける　　　ジャケットを
Mi　　　　**metto**　la giacca.
ミ　　　　　　メット　　ラ　ジャッカ
（私はジャケットを着ます）

・lavarsi le mani「自分の手を洗う」
　ラヴァルスィ　レ　マーニ

私自身に対して　洗う　　　手を
Mi　　　　**lavo**　le mani.
ミ　　　　　　ラーヴォ　レ　マーニ
（私は手を洗います）

A

❶ Si alzano alle sette.
　スィ アルツァノ アッレ セッテ

❷ Domani ci alziamo alle sei.
　ドマーニ チ アルツィヤーモ アッレ セイ

まとめ

❶ **再帰代名詞 si** は主語に合わせて変化する。
→ mi, ti, si, ci, vi, si

❷ **動詞本体**は -arsi、-ersi、-irsi を取って活用させる。

❸「自分の〜を…する」は所有形容詞を使わずに、「自分自身に対して〜を…する」と表現。
Mi lavo le mani.（私は自分の手を洗う）

Q 単語をヒントに作文してみよう。

❶ 私はネクタイを着用しない。
_____

着用する　ネクタイ
mettersi, la cravatta
メッテルスィ　ラ　クラヴァッタ

❷ 私は自分の髪を洗います。
_____

自分に対して洗う　髪の毛
lavarsi, i capelli
ラヴァルスィ　イ　カペッリ

❸ 君たちは何時に起きるの？
_____

何時に　　　起床する
A che ora, alzarsi
ア　ケ　オーラ　アルツァルスィ

❹ 君は何を着るの？
_____

何　　　着用する
Che cosa, mettersi
ケ　コーザ　メッテルスィ

❺ 彼らは歯を磨く。
_____

自分に対して洗う　歯
lavarsi, i denti
ラヴァルスィ　イ　デンティ

答えと音声を確認しよう

+α 「互いに」の意味になる再帰代名詞

主語が複数のとき、再帰代名詞siが「互い自身を」「互い自身に」という意味になることがあります。

vedersi（会う）←「互いのことを見る」
ヴェデルスィ

noi	ci	vediamo
	チ	ヴェディヤーモ
voi	vi	vedete
	ヴィ	ヴェデーテ
loro	si	vedono
	スィ	ヴェードノ

Ci vediamo domani?（私たち、明日会いましょうか？）
チ ヴェディヤーモ ドマーニ

再帰動詞 17

A

❶ Non mi metto la cravatta.
ノン ミ メット ラ クラヴァッタ

❷ Mi lavo i capelli.
ミ ラーヴォ イ カペッリ

❸ A che ora vi alzate?
ア ケ オーラ ヴィ アルツァーテ

❹ Che cosa ti metti?
ケ コーザ ティ メッティ

❺ Si lavano i denti.
スィ ラーヴァノ イ デンティ

18 補助動詞 volere と dovere

映画を見たい？

Vuoi vedere un film?
ヴウォーイ　　ヴェデーレ　　ウン　フィルム

これだけ

「〜したい」「〜しなければならない」などを意味する補助動詞は、後ろに不定詞を続けて使います。

volere「〜したい」
ヴォレーレ

io	**voglio** ヴォッリョ	noi	**vogliamo** ヴォッリャーモ
tu	**vuoi** ヴウォーイ	voi	**volete** ヴォレーテ
lui / lei / Lei	**vuole** ヴウォーレ	loro	**vogliono** ヴォッリョノ

Q 単語をヒントに作文してみよう。

❶ 私はピザを食べたい。

_____

食べる　　ピザ1枚
mangiare, una pizza
マンジャーレ　ウナ　ピッツァ

❷ 君たちは新聞を読みたい？

_____

読む　　新聞
leggere, il giornale
レッジェレ　イル ジョルナーレ

❸ 君は何か飲みたい？

_____

飲む　何かしらのものを
bere, qualcosa
ベーレ　クゥワルコーザ

答えと音声を確認しよう

もっと1 volere ＋名詞「〜が欲しい」

動詞volereの後ろに名詞が来ると、「〜が欲しい」を意味します。

Voglio un gelato.（私はアイスクリームが欲しい）
ヴォッリョ　ウン　ジェラート

Vuoi questo dolce?（君はこのお菓子が欲しい？）
ヴウォーイ　クウェスト　ドルチェ

もっと2 dovere「〜しなければならない」
ドヴェーレ

io	**devo** デーヴォ	noi	**dobbiamo** ドッビヤーモ
tu	**devi** デーヴィ	voi	**dovete** ドヴェーテ
lui / lei / Lei	**deve** デーヴェ	loro	**devono** デーヴォノ

補助動詞volereとdovere

A

❶ Voglio mangiare una pizza.
ヴォッリョ マンジャーレ ウナ ピッツァ

❷ Volete leggere il giornale?
ヴォレーテ レッジェレ イル ジョルナーレ

❸ Vuoi bere qualcosa?
ヴウォーイ ベーレ クゥワルコーザ

まとめ

❶ volere ＋ 不定詞　　〜したい

❷ volere ＋ 名詞　　〜が欲しい

❸ dovere ＋ 不定詞　　〜しなければならない

Q 単語をヒントに作文してみよう。

❶ 君たちは宿題をしなければならないよ。

する　宿題
fare, i compiti
ファーレ　イ コンピティ

❷ 私はスーパーに行かなければ。

行く　　スーパーに
andare, al supermercato
アンダーレ　アル スゥーペルメルカート

❸ 彼らはアルドに会わなくてはならない。

〜に会う　アルド
vedere, Aldo
ヴェデーレ　　アルド

❹ 私はシャワーを浴びたい。

シャワーを浴びる
fare la doccia
ファーレ ラ ドッチャ

❺ 私はこのノートが欲しい。

このノート
questo quaderno
クウェスト　　クゥワデルノ

答えと音声を確認しよう

+α 曜日の言い方

月	火	水	木
lunedì	**martedì**	**mercoledì**	**giovedì**
ルネディ	マルテディ	メルコレディ	ジョヴェディ

金	土	日
venerdì	**sabato**	**domenica**
ヴェネルディ	サーバト	ドメーニカ

「〜曜日に…します」と言うとき、前置詞は必要ありません。また、語頭を小文字で始めます。

Devo vedere Aldo **martedì**. (アルドに火曜日に会わなくてはならない)
デーヴォ ヴェデーレ アルド マルテディ

補助動詞 volere と dovere

18

A

❶ Dovete fare i compiti.
ドヴェーテ ファーレ イ コンピティ

❷ Devo andare al supermercato.
デーヴォ アンダーレ アル スゥーペルメルカート

❸ Devono vedere Aldo.
デーヴォノ ヴェデーレ アルド

❹ Voglio fare la doccia.
ヴォッリョ ファーレ ラ ドッチャ

❺ Voglio questo quaderno.
ヴォッリョ クウェスト クゥワデルノ

19 補助動詞 potere と sapere

CD 40

音楽を聞いてもいいよ。

Puoi ascoltare la musica.
プウォーイ　　アスコルターレ　　ラ　　ムーズィカ

これだけ

補助動詞 potere「〜できる」は、不規則な活用をします。後ろに不定詞を続けて使います。

potere「(状況が許すので)〜できる」
ポテーレ

io	**posso** ポッソ	noi	**possiamo** ポッスィヤーモ
tu	**puoi** プウォーイ	voi	**potete** ポテーテ
lui / lei / Lei	**può** プウォ	loro	**possono** ポッソノ

Q 単語をヒントに作文してみよう。

❶ 私は明日も来ることができます。
　来る　　明日も
　venire, anche domani
　ヴェニーレ　アンケ　ドマーニ

❷ 私たちは昼食を作ることができます。
　準備する　　昼食
　preparare, il pranzo
　プレパラーレ　イル プランツォ

❸ 彼らはスーパーに行くことができます。
　行く　　スーパーに
　andare, al supermercato
　アンダーレ　アル スゥペルメルカート

答えと音声を確認しよう

許可を求める potere

動詞 potere は「〜してもかまいませんか？」と許可を求めるときにも使えます。

Posso ascoltare la musica?（私は音楽を聞いてもいいですか？）
ポッソ　アスコルターレ　ラ　ムーズィカ

また、「〜してもらえますか」と相手に依頼することもできます。

Puoi aprire la finestra?（君は窓を開けてくれる？）
プゥォイ　アプリーレ　ラ　フィネストラ

sapere「（能力・技能があるので）〜できる」
サペーレ

io	**so** ソ	noi	**sappiamo** サッピヤーモ
tu	**sai** サイ	voi	**sapete** サペーテ
lui / lei / Lei	**sa** サ	loro	**sanno** サンノ

Non so nuotare.（私は泳げません）
ノン　ソ　ヌウォターレ

A

① **Posso venire anche domani.**
ポッソ ヴェニーレ アンケ ドマーニ

② **Possiamo preparare il pranzo.**
ポッスィヤーモ プレパラーレ イル プランツォ

③ **Possono andare al supermercato.**
ポッソノ アンダーレ アル スゥペルメルカート

まとめ

❶ potere ＋ 不定詞　（状況が許すので）〜できる
　　　　　　　　　　〜してもかまわない

❷ sapere ＋ 不定詞　（能力があるので）〜できる

Q 単語をヒントに作文してみよう。

❶ 私はギターを弾くことができる。[能力がある]
　ギターを弾く **suonare la chitarra** スウォナーレ ラ キタッラ

❷ 私たちはタクシーに乗ってもかまいませんか？
　タクシーに乗る **prendere il taxi** プレンデレ イル タクスィ

❸ 君たちはテレビを見てもいいよ。
　テレビを見る **guardare la tv** グゥワルダーレ ラ ティッヴゥ

❹ 君たちは運転できる？[能力がある]
　運転する **guidare** グゥイダーレ

❺ 私は今日運転できない。[状況が許さない]
　今日 **Oggi** オッジ

答えと音声を確認しよう

+α　sapere（知っている）

動詞sapereの基本的な意味は、「知っている」「（知っていて）わかる」です。

Sai che ore sono?（何時かわかる？）
サイ ケ オレ ソーノ

Non so perché.（私はなぜかわからない）
ノン ソ ペルケ

「sapere＋不定詞」は、**「〜する術（すべ）を知っている」→「〜する能力がある」**。

A

❶ So suonare la chitarra.
ソ スウォナーレ ラ キタッラ

❷ Possiamo prendere il taxi?
ポッスィヤーモ プレンデレ イル タクスィ

❸ Potete guardare la tv.
ポテーテ グゥワルダーレ ラ ティッヴゥ

❹ Sapete guidare?
サペーテ グウィダーレ

❺ Oggi non posso guidare.
オッジ ノン ポッソ グウィダーレ

20 代名詞 ne

「何冊本を持っている？」「5冊持っているよ」

Quanti libri hai? - Ne ho cinque.
クゥワンティ　リーブリ　アーイ　　ネ　オ　チンクゥウェ

これだけ

ne（それについて）←「di（〜について）＋何か」を受ける代名詞
ネ

ne（それについて）は、同じ名詞をくりかえさないための代名詞。数字をともなう表現を受けて使われます。

neは動詞の直前に置きます。

Quanti anni hai? - Ne ho venti.（「君は何歳？」「20歳だよ」）
クゥワンティ　アンニ　アーイ　　ネ　オ　ヴェンティ　←「年については20持っています」
＊ne＝di anni（年については）

Q 単語をヒントに作文してみよう。

❶ 君はノートを何冊持ってる？―10冊だよ。

いくつのノート　　10
Quanti quaderni, dieci
クゥワンティ　クゥワデルニ　ディエーチ

❷ 君は切符を何枚買うの？―3枚買うよ。

いくつの切符　買う　3
Quanti biglietti, prendere, tre
クゥワンティ　ビッリェッティ　プレンデレ　トレ

❸ 君はイタリアの本を何冊持ってる？―2冊だよ。

イタリアの本　　2
libri italiani, due
リーブリ　イタリヤーニ　ドゥウェ

答えと音声を確認しよう

「全体のうちの一部」の ne

ne は「全体のうちの一部」つまり「そのうち」という意味でも使われます。

Qui c'è una torta. （ここに(ホール)ケーキが1つある）
クウィ チェ ウナ トルタ

Ne mangio una fetta. （そのうち、私は1切れ食べる）
ネ マンジョ ウナ フェッタ
＊fetta：スライスしたもの、切り分けたもの

di をともなう動詞と用いる ne

ne は前置詞 di をともなう動詞と一緒にも使われます。

parlare di ～ （～について話す）
パルラーレ ディ

Parlano spesso di quel viaggio.
パルラノ スペッソ ディ クウェル ヴィヤッジョ
（彼らはよくあの旅について話している）

Anzi, ne parlano sempre.
アンツィ ネ パルラノ センプレ
（むしろ、いつもそのことについて話している）
＊anzi：むしろ、sempre：常に

A

❶ Quanti quaderni hai? - Ne ho dieci.
クゥワンティ クゥワデルニ アーイ ネ オ ディエーチ

❷ Quanti biglietti prendi? - Ne prendo tre.
クゥワンティ ビッリェッティ プレンディ ネ プレンド トレ

❸ Quanti libri italiani hai? - Ne ho due.
クゥワンティ リーブリ イタリヤーニ アーイ ネ オ ドゥウェ

まとめ

❶ ne は、「di ＋何か」を受ける、「それについては」という意味の代名詞！

❷ 数字をともなう表現でよく使う。

❸ 「その中で」というニュアンスのときもある。

❹ 前置詞 di をともなう動詞とともにも使われる。

Q 単語をヒントに作文してみよう。

❶ 君ははがきを何枚買うの？―3枚買うよ。

> いくつのはがき　買う
> **Quante cartoline, prendere**
> クゥワンテ カルトリーネ プレンデレ

❷ 君は何冊本を買うの？―5冊買うよ。

> いくつの本　買う
> **Quanti libri, prendere**
> クゥワンティ リーブリ プレンデレ

❸ ここには3つのDVDがある。そのうち2つ買う。

> ここに　ある　3つのDVD
> **Qui, ci sono, tre dvd**
> クゥイ チソーノ トレ ディッヴゥッディ

❹ 君は1カ月に何冊本を読む？―2冊読むよ。

> いくつの本　読む　月に
> **Quanti libri, leggere, al mese**
> クゥワンティ リーブリ レッジェレ アル メーゼ

❺ 彼らはよくあの映画について話す。むしろ、いつも話している。

> あの映画について　むしろ　常に
> **di quel film, anzi, sempre**
> ディ クウェル フィルム アンツィ センプレ

答えと音声を確認しよう

+α 「〜につき」の言い方

前置詞「a」＋定冠詞の結合形を使います。

1日につき	1週間につき	1か月につき	1年につき
al giorno	**alla settimana**	**al mese**	**all'anno**
アル ジョールノ	アッラ セッティマーナ	アル メーゼ	アッランノ

Quante sigarette fumi **al giorno**? - Ne fumo cinque o sei.
クゥワンテ スィガレッテ フゥーミ アル ジョールノ　ネ フゥーモ チンクゥウェ オ セイ
(「きみは1日に何本たばこを吸う？」「5、6本吸うよ」)

* sigarette…たばこ (sigarettaの複数形)
　fumi, fumo > fumare (たばこを吸う)

A

❶ Quante cartoline prendi? - Ne prendo tre.
クゥワンテ カルトリーネ プレンディ　　ネ プレンド トレ

❷ Quanti libri prendi? - Ne prendo cinque.
クゥワンティ リーブリ プレンディ　　ネ プレンド チンクゥウェ

❸ Qui ci sono tre dvd. Ne prendo due.
クゥイ チ ソノ トレ ディッヴゥッディ　ネ プレンド ドゥーウェ

❹ Quanti libri leggi al mese? - Ne leggo due.
クゥワンティ リーブリ レッジ アル メーゼ　　ネ レッゴ ドゥーウェ

❺ Parlano spesso di quel film. Anzi, ne parlano sempre.
パルラノ スペッソ ディ クゥエル フィルム　アンツィ ネ パルラノ センプレ

まとめのドリル 4

1 ▶ 日本語訳を参考に、動詞を活用させて文を完成させよう。

❶ (　　　　　) lavorare anche domani.　　　　　[dovere]
　私は明日も働かなければならない。

❷ (　　　　　) un caffè?　　　　　　　　　　　　[volere]
　君たちはコーヒーが欲しい？

❸ (　　　　　) suonare il pianoforte?　　　　　　[sapere]
　君はピアノを弾くことができる？

❹ (　　　　　) fare la spesa anche domani.　　　[potere]
　私たちは明日買い物をすることもできますよ。

❺ Dove (　　　　　)?　　　　　　　　　　　　　[andare]
　君たちはどこに行くの？

❻ Paolo (　　　　　) spesso da noi.　　　　　　 [venire]
　パオロはしょっちゅう私たちの家に来ます。

❼ (　　　　　) un panino.　　　　　　　　　　　[fare]
　私はパニーノを作ります。

2 ▶ 日本語訳を参考に、動詞を活用させて文を完成させよう。

❶ Di solito (　　　　　) alle sei.　　　　　　　[alzarsi]
　ふだん私たちは6時に起きます。

❷ Quale giacca (　　　　　) oggi?　　　　　　 [mettersi]
　君は今日、どのジャケットを着るの？

❸ (　　　　　) le mani con la saponetta.　　　　[lavarsi]
　私は手を石けんで洗います。

3 日本語訳を参考に、文を完成させよう。

① Quanti libri leggi al mese? - (　　　) leggo due o tre.
君は月に何冊本を読む？ － 2、3冊読むよ。

② Quanti cioccolatini vuoi? - (　　　) prenderne cinque? [potere]
君はチョコレートがいくつ欲しい？ － 5つもらってもいい？
＊prenderne：不定詞prendere に代名詞「ne」をくっつけた形。

③ Quante fotocopie (　　　) fare? - Dieci. 　　[dovere]
君はコピーを何枚しなければならないの？ － 10枚だよ。

こたえ

1
① Devo lavorare anche domani.
② Volete un caffè?
③ Sai suonare il pianoforte?
④ Possiamo fare la spesa anche domani.
⑤ Dove andate?
⑥ Paolo viene spesso da noi.
⑦ Faccio un panino.

2
① Di solito ci alziamo alle sei.
② Quale giacca ti metti oggi?
③ Mi lavo le mani con la saponetta.

3
① Quanti libri leggi al mese? - Ne leggo due o tre.
② Quanti cioccolatini vuoi? - Posso prenderne cinque?
③ Quante fotocopie devi fare? - Dieci.

コラム4

ゴミ収集

　イタリアのゴミ収集は、町のいたるところに設置された大型コンテナを通して行われます。コンテナにゴミを投入するのはいつでもOK。足もとにあるレバーを踏んで、ふたを持ち上げて投げ入れたら終わりです。

　近年、分別収集がすすんできて、生ゴミ用、プラスチック用、古紙用、水分のないゴミ用のコンテナが並べて置かれていますが、実際にどれほど分別されているのかは謎です。イタリアの家庭ではキッチンの流しの下、キャビネット扉の内側にゴミ箱をつけていることが多く、そのなかにレジ袋を1枚だけセットしています。観察した限りでは、ヨーグルトの容器も飲み終わった水のペットボトルも生ゴミも紙くずも一緒くたにして、キッチン唯一のゴミ箱にどんどん投入。よほど几帳面でない限り、家庭ゴミ（特に台所ゴミ）の分別は難しそうです。分別していない場合は、未分別ゴミ用のコンテナに捨てられます。

　一方、格段に分別率が高そうなのが、ゴミ用コンテナとは形状が異なる（釣り鐘型）ガラス瓶回収ボックスです。このボックスは投入口が高く、瓶を入れるたびに「ガラガラガッシャーン」という音がするので、心臓に悪いかも……。

　まれに戸別収集をする自治体（ペルージャなど）もあります。特定の曜日と時間に、指定された色の袋で、指定された中身のゴミを出す決まりです。この場合は袋自体が数種類ありますので、分別への意欲がより湧きそうです。

　自治体の収集とは別に、宗教団体などが、不要になった服を回収するボックスを置いているのも見かけます。集まった古着は、世界の必要な地域に送られます。着なくなった衣料を、たとえばスーパーに買い物に行くついでに持っていける、というような、とても便利なシステムです。

STEP 5

21 関係代名詞 che

フランスで働いている人を知っています。

Conosco una persona che lavora in Francia.
コノスコ ウナ ペルソーナ ケ ラヴォーラ イン フランチャ

これだけ

先行詞が後ろの動詞の主語

una persona **che** lavora all'ufficio postale （郵便局で働いている人1人）
ウナ ペルソーナ ケ ラヴォーラ アッルゥッフィーチョ ポスターレ

↑ lavoraの主語に相当

due persone **che** lavorano in farmacia （薬局で働いている人2人）
ドゥウェ ペルソーネ ケ ラヴォーラノ イン ファルマチーヤ

↑ lavoranoの主語に相当

Q 単語をヒントに作文してみよう。

❶ 私は銀行で働いている人を1人知っています。

知っている　銀行で
conoscere, in banca
コノッシェレ　イン バンカ

❷ 私は書店で働いている人を2人知っています。

書店で
in libreria
イン リブレリーヤ

❸ 私はスペインで働いている人を1人知っています。

スペインで
in Spagna
イン スパンニャ

答えと音声を確認しよう

もっと1 先行詞が後ろの動詞の直接目的語

il prosciutto che compro sempre（私がいつも買っているハム）
イル プロッシュット　ケ　コンプロ　センプレ

compro の直接目的語に相当

i cd che ascolti spesso（君がよく聞いているCD）
イ チッディ ケ　アスコルティ スペッソ

ascolti の直接目的語に相当

もっと2 「che＋文」の語順

主語は動詞のあとに置かれることが多いです。

il pane che fa Alberto（アルベルトが作るパン）
イル パーネ　ケ　ファ アルベルト

le lingue che studiano i bambini（子どもたちが勉強している言語）
レ　リングゥウェ ケ　ストゥーディヤノ イ バンビーニ

動詞　主語

A

❶ Conosco una persona che lavora in banca.
コノスコ ウナ ペルソーナ ケ ラヴォーラ イン バンカ

❷ Conosco due persone che lavorano in libreria.
コノスコ ドゥウェ ペルソーネ ケ ラヴォーラノ イン リブレリーヤ

❸ Conosco una persona che lavora in Spagna.
コノスコ ウナ ペルソーナ ケ ラヴォーラ イン スパンニャ

ま と め

❶ [動詞の主語] [動詞]
una persona　　che lavora in banca
（銀行で働く人1人）

❷ [動詞の直接目的語] [動詞] [主語]
il pane　　　　che fa　Alberto
（アルベルトが作るパン）

Q 単語をヒントに作文してみよう。

❶ 君が書く手紙はとてもすてきだ。
　　　　　　　　　sono molto belle.

手紙　　　書く
Le lettere, scrivere
レ　レッテレ　　スクリーヴェレ

❷ マリーザが作るパンはとてもおいしい。
　　　　　　　　　è molto buono.

パン　　作る　マリーザ
Il pane, fare, Marisa
イル パーネ　ファーレ　マリーザ

❸ これは私がいつも買うチーズです。
Questo è

チーズ　　　買う　　いつも
il formaggio, comprare, sempre
イル フォルマッジョ　コンプラーレ　センプレ

❹ 君がよく聞くCDはどれですか？
Quali sono

CD　　聞く　　　よく
i cd, ascoltare, spesso
イ チッディ アスコルターレ スペッソ

❺ 子どもたちが勉強している言語は2つです。
　　　　　　　　　sono due.

言語　勉強する　子どもたち
Le lingue, studiare, i bambini
レ リングゥエ ストゥディヤーレ イ バンビーニ

答えと音声を確認しよう

関係代名詞 che

21

A

① Le lettere che scrivi sono molto belle.
レ レッテレ ケ スクリーヴィ ソノ モルト ベッレ

② Il pane che fa Marisa è molto buono.
イル パーネ ケ ファ マリーザ エ モルト ブウォーノ

③ Questo è il formaggio che compro sempre.
クウェスト エ イル フォルマッジョ ケ コンプロ センプレ

④ Quali sono i cd che ascolti spesso?
クゥワーリ ソノ イ チッディ ケ アスコルティ スペッソ

⑤ Le lingue che studiano i bambini sono due.
レ リングゥエ ケ ストゥーディヤノ イ バンビーニ ソノ ドゥーウェ

22 直接目的語の代名詞

彼のことをよく知っています。

Lo conosco bene.
ロ　　コノスコ　　ベーネ

人の直接目的語代名詞（単数）

mi 私を	ti 君を	lo 彼を	la 彼女を	La あなたを
ミ	ティ	ロ	ラ	ラ

直接目的語の代名詞は、活用した動詞の前に置きます。
Ti aspetto qui, va bene?（君をここで待つね。いいかな？）
ティ　アスペット　クウィ　ヴァ　ベーネ

否定文では、「non＋直接目的語の代名詞＋動詞」の順です。
Non **lo** conosci?（彼のことを知らないの？）
ノン　　ロ　　コノッシ

Q 単語をヒントに作文してみよう。

❶ （君は）私をここで待ってくれる？
　　_____

待つ　　　　ここで
aspettare, qui
アスペッターレ　クウィ

❷ （私は）彼女のことを知っています。
　　_____

知っている
conoscere
コノッシェレ

❸ アンナは彼のことをよく知っています。
　　_____

アンナ　知っている　よく
Anna, conoscere, bene
アンナ　コノッシェレ　ベーネ

答えと音声を確認しよう

もっと1 人の直接目的語代名詞（複数）

| ci 私たちを | vi 君たちを／あなたがたを | li 彼らを | le 彼女たちを |
| チ | ヴィ | リ | レ |

Vi aspetto lì.（（私は）**君たちを**そこで待ってるね）
ヴィ アスペット リ

Li conosco un po'.（（私は）**彼らのことを**少し知っています）
リ コノスコ ウン ポ

もっと2 ものの直接目的語代名詞

	単数		複数	
男性	**lo** ロ	それを	**li** リ	それらを
女性	**la** ラ	それを	**le** レ	それらを

受けるもともとの名詞の性と数によって使い分けます。

Compri anche **il latte**? - Sì, **lo** compro.
コンプリ アンケ イル ラッテ　スィ ロ コンプロ
（「牛乳も買うの？」「うん、買うよ」）

＊日本語の感覚では、「牛乳」を受け直して「それを」と言うのは不自然ですが、イタリア語では代名詞で受け直す必要があります。

A

❶ Mi aspetti qui?
ミ アスペッティ クウィ

❷ La conosco.
ラ コノスコ

❸ Anna lo conosce bene.
アンナ ロ コノッシェ ベーネ

まとめ

❶ mi 私を　ti 君を　lo 彼を　la 彼女を　La あなたを
　ci 私たちを　vi 君たちを／あなたがたを　li 彼らを　le 彼女らを

❷ 活用した動詞の前に置く。

❸ 否定文：non ＋直接目的語の代名詞＋動詞

❹ それを　　lo（男性）la（女性）
　それらを　li（男性）le（女性）

Q 単語をヒントに作文してみよう。

❶ （君は）彼女のことを知らないの？
　～ない　知っている
　Non, conoscere
　ノン　　コノッシェレ

❷ カルロは私たちをここで待ってくれる。
　カルロ　待つ　ここで
　Carlo, aspettare, qui
　カルロ　アスペッターレ　クウィ

❸ 「（君は）クッキーを買うの？」「うん、買うよ」
　買う　　　クッキー
　comprare, i biscotti
　コンプラーレ　イ ビスコッティ

❹ ジョヴァンニがあなたのことを待っています。
　ジョヴァンニ　待つ
　Giovanni, aspettare
　ジョヴァンニ　アスペッターレ

❺ 私は彼女たちのことをあまりよく知りません。
　～ない　知っている　とてもよく
　Non, conoscere, molto bene
　ノン　コノッシェレ　モルト ベーネ

答えと音声を確認しよう

A

① **Non la conosci?**
ノン ラ コノッシ

② **Carlo ci aspetta qui.**
カルロ チ アスペッタ クウィ

③ **Compri i biscotti? - Sì, li compro.**
コンプリ イ ビスコッティ　　　スィ リ コンプロ

④ **Giovanni La aspetta.**
ジョヴァンニ ラ アスペッタ

⑤ **Non le conosco molto bene.**
ノン レ コノスコ モルト ベーネ

23 間接目的語の代名詞

今晩私に電話してくれる？

Mi telefoni stasera?
ミ　　テレーフォニ　　　スタセーラ

これだけ

mi 私に	ti 君に
ミ	ティ

間接目的語の代名詞は、活用した動詞の前に置きます。

Carla mi telefona spesso.（カルラはしょっちゅう私に電話する）
カルラ　ミ　テレーフォナ　スペッソ

Ti telefono domani.（私は君に明日電話するよ）
ティ テレーフォノ　　ドマーニ

Q 単語をヒントに作文してみよう。

❶ （君は）いつ私に電話してくれる？
　_____

❷ （私は）君に今晩電話するよ。
　_____

❸ アンナはときどき私に電話する。
　_____

いつ　　電話する
Quando, telefonare
クゥワンド　　テレフォナーレ

今晩
stasera
スタセーラ

アンナ　ときどき
Anna, ogni tanto
アンナ　オンニ　　タント

答えと音声を確認しよう

間接目的語の代名詞（3人称）

gli 彼に
リ

le 彼女に
レ

Le あなたに
レ

Gli scrivo una cartolina.（私は**彼に**はがきを1枚書く）
リ　スクリーヴォ ウナ　カルトリーナ

Le telefono domani.（私は**彼女に**明日電話します）
レ　テレーフォノ　　ドマーニ

間接目的語の代名詞（複数）

ci 私たちに
チ

vi 君たちに／あなたがたに
ヴィ

gli 彼らに／彼女らに
リ

Vi scrivo una lettera.（私は**あなたがたに**手紙を書きます）
ヴィ スクリーヴォ ウナ　レッテラ

A

❶ Quando mi telefoni?
クゥワンド ミ テレーフォニ

❷ Ti telefono stasera.
ティ テレーフォノ スタセーラ

❸ Anna mi telefona ogni tanto.
アンナ ミ テレーフォナ オンニ タント

まとめ

❶ mi 私に　　ti 君に　　gli 彼に　　le 彼女に　　Le あなたに
　ci 私たちに　　vi 君たち・あなたがたに　　gli 彼ら・彼女らに

❷ 間接目的語の代名詞は活用した動詞の前に置く。

Q 単語をヒントに作文してみよう。

❶ （君は）いつ彼に電話するの？
　いつ　電話する
　Quando, telefonare
　クゥワンド　テレフォナーレ

❷ （私は）彼に今電話するよ。
　今
　adesso
　アデッソ

❸ カルラは君に毎日電話するの？
　カルラ　毎日
　Carla, ogni giorno
　カルラ　オンニ　ジョルーノ

❹ 私は彼女たちにメールを書きます。
　書く　　メール1通
　scrivere, una mail
　スクリーヴェレ　ウナ　メイル

❺ （君は）私にメールを書いてくれる？

答えと音声を確認しよう

+α 不定詞と一緒に使うとき

不定詞（最後のeを落とす）+目的語の代名詞を1語にして書きます。

Devo scrivergli una lettera.
デーヴォ スクリーヴェルリ ウナ レッテラ
（私は彼に手紙を書かなければならない）

A

❶ Quando gli telefoni?
クゥワンド リ テレーフォニ

❷ Gli telefono adesso.
リ テレーフォノ アデッソ

❸ Carla ti telefona ogni giorno?
カルラ ティ テレーフォナ オンニ ジョールノ

❹ Gli scrivo una mail.
リ スクリーヴォ ウナ メイル

❺ Mi scrivi una mail?
ミ スクリーヴィ ウナ メイル

24 動詞 piacere

音楽が好きです。

Mi piace la musica.
ミ　ピヤーチェ　ラ　ムーズィカ

これだけ

「私は〜が好きだ」

mi piace ＋ 単数形のもの
ミ　ピヤーチェ

mi piacciono ＋ 複数形のもの
ミ　ピヤッチョノ

Mi piace la cucina italiana. （私はイタリア料理が好きだ）
ミ　ピヤーチェ　ラ　クチーナ　イタリヤーナ

Mi piacciono i biscotti. （私はクッキーが好きだ）
ミ　ピヤッチョノ　　　　イ ビスコッティ

Q 単語をヒントに作文してみよう。

❶ 私はイタリアのファッションが好きです。

イタリアのファション
la moda italiana
ラ　モーダ　イタリヤーナ

❷ 私は猫が好きです。

猫
i gatti
イ ガッティ

❸ 私はイタリア映画が好きです。

イタリア映画
il cinema italiano
イル　チーネマ　イタリヤーノ

答えと音声を確認しよう

文のしくみ

piace や piacciono は動詞 piacere の活用した形です。

〜に＋piacere（好まれる）＋主語
ピヤチェーレ

＊「好きだ」と感じている「私」ではなく、「好まれているもの」が主語。

・「〜に」の部分が **a＋人の名前**のとき

A Luisa piacciono i dolci.（ルイーザは甘いお菓子が好きだ）
ア ルイーザ　ピヤッチョノ　イ ドルチ

・「〜に」の部分が **間接目的語の代名詞**のとき

Le piacciono i dolci.（彼女は甘いお菓子が好きだ）
レ　ピヤッチョノ　イ ドルチ

否定文での non の位置

「人の名前」か「間接目的語の代名詞」かで位置が変わります。

A Luisa non piacciono i dolci.（ルイーザは甘いお菓子が嫌いだ）
ア ルイーザ　ノン　ピヤッチョノ　イ ドルチ

Non le piacciono i dolci.（彼女は甘いお菓子が嫌いだ）
ノン　レ　ピヤッチョノ　イ ドルチ

動詞 piacere

A

❶ Mi piace la moda italiana.
ミ ピヤーチェ ラ モーダ イタリヤーナ

❷ Mi piacciono i gatti.
ミ ピヤッチョノ イ ガッティ

❸ Mi piace il cinema italiano.
ミ ピヤーチェ イル チーネマ イタリヤーノ

まとめ

・a＋人名　〜に ・間接目的語の代名詞 　mi（私に）、ti（君に）、gli（彼に） 　le（彼女に）、Le（あなたに）…	piace　　＋　単数 piacciono　＋　複数

　　　〜に　　　　　　好まれる　　　…が

⇒　〜は…が好きだ

Q 単語をヒントに作文してみよう。

❶ 君はアイスクリームが好き？
_____

アイスクリーム
il gelato
イル ジェラート

❷ 君は犬が嫌いなの？
_____

犬
i cani
イ カーニ

❸ 彼は和食が好きです。
_____

和食
la cucina giapponese
ラ クチーナ　　ジャッポネーゼ

❹ 私はポピュラーミュージックが好きです。
_____

ポップス
la musica pop
ラ ムーズィカ　　ポップ

❺ あなたは日本文学がお好きですか？
_____

日本文学
la letteratura giapponese
ラ レッテラトゥーラ　ジャッポネーゼ

答えと音声を確認しよう

+α ～することが好きだ

「私は～することが好きだ」→ **mi piace** + **不定詞**

Mi piace nuotare.（私は泳ぐことが好きだ）
ミ　ピヤーチェ　ヌウォターレ

A

❶ Ti piace il gelato?
ティ ピヤーチェ イル ジェラート

❷ Non ti piacciono i cani?
ノン ティ ピヤッチョノ イ カーニ

❸ Gli piace la cucina giapponese.
リ ピヤーチェ ラ クチーナ ジャッポネーゼ

❹ Mi piace la musica pop.
ミ ピヤーチェ ラ ムーズィカ ポップ

❺ Le piace la letteratura giapponese?
レ ピヤーチェ ラ レッテラトゥーラ ジャッポネーゼ

25 副詞

イタリア語が上手だね。

Parli bene l'italiano.
パルリ　　ベーネ　　リタリヤーノ

これだけ

sempre いつも、常に センプレ	**spesso** しばしば、よく スペッソ
bene 上手に、うまく ベーネ	**molto** とても、たくさん モルト

副詞は、形容詞と違って語尾変化しません。短い副詞は動詞の直後に置かれることが多いです。

Carla parla **bene** il giapponese.（カルラは日本語を上手に話す）
カルラ　パルラ　ベーネ　イル ジャッポネーゼ

Parlo **spesso** con Luca. （私はよくルーカと話します）
パルロ　スペッソ　コン　ルーカ

Q 単語をヒントに作文してみよう。

❶ 彼女はたくさんしゃべる。

話す　　　たくさん
parlare molto
パルラーレ　モルト

❷ 彼はいつも君のことを話しているよ。

話す　　いつも　君について
parlare, sempre, di te
パルラーレ　センプレ　ディ テ

❸ 君たちはイタリア語を上手に話すね。

話す　　上手に　イタリア語
parlare, bene, l'italiano
パルラーレ　ベーネ　リタリヤーノ

答えと音声を確認しよう

2語以上がセットになった副詞句

もっと1

di solito ふだん	**ogni tanto** ときどき
ディ ソーリト	オンニ タント

副詞（句）によっては、文のいろいろなところに置けます。

Di solito non mangio la pasta.
ディ ソーリト　ノン　マンジョ　ラ　パスタ
（私はふだん、パスタを食べない）
＊di solitoは文の最後でもOK。

nonとセットの表現

もっと2

non ... mai 決して〜ない	**non ... più** もはや〜ない
ノン　マーイ	ノン　ピュ

maiやpiùは動詞の直後に置きます。

Non mangio **mai** la pasta.（私はまったくパスタを食べない）
ノン　マンジョ　マーイ ラ パスタ

Non mangio **più** la pasta.（私はもうパスタを食べない）
ノン　マンジョ　ピュ ラ パスタ

A

❶ Parla molto.
パルラ モルト

❷ Parla sempre di te.
パルラ センプレ ディ テ

❸ Parlate bene l'italiano.
パルラーテ ベーネ リタリヤーノ

ま と め

❶ 短い副詞は動詞の直後が好き！
（特にsempre, molto, bene, mai, più）

❷ 文頭や文末に置ける副詞もある。
（spesso, di solito, ogni tanto）

Q 単語をヒントに作文してみよう。

❶ 私はたくさん食べる。

食べる
mangiare
マンジャーレ

❷ ふだん、彼はバスに乗る。

ふだん　　乗る　　　バス
Di solito, prendere, l'autobus
ディ ソーリト　プレンデレ　　ラウトブス

❸ 君はピザを食べることが全然ないの？

食べる　　　　　ピザ
mangiare, la pizza
マンジャーレ　　ラ　ピッツァ

❹ ときどき、私はパスタを食べます。

ときどき　　食べる　　　　パスタ
Ogni tanto, mangiare, la pasta
オンニ タント　マンジャーレ　ラ パスタ

❺ 彼はもうテレーザと話をしない。

話す　　　　　テレーザと
parlare, con Teresa
パルラーレ　　コン　　テレーザ

答えと音声を確認しよう

+α 副詞 ＋ 副詞

molto（とても、たくさん）はほかの副詞を修飾することもあります。

Parli **molto bene** il giapponese.
パルリ　モルト　　　ベーネ　イル ジャッポネーゼ

（君は日本語をとても上手に話すね）

Vado **molto spesso** in Italia.
ヴァード　モルト　　　スペッソ　イニターリヤ

（私はとても頻繁にイタリアに行く）

A

❶ Mangio molto.
マンジョ モルト

❷ Di solito prende l'autobus.
ディ ソーリト プレンデ ラウトブス

❸ Non mangi mai la pizza?
ノン マンジ マーイ ラ ピッツァ

❹ Ogni tanto mangio la pasta.
オンニ タント マンジョ ラ パスタ

❺ Non parla più con Teresa.
ノン パルラ ピュ コン テレーザ

まとめのドリル 5

1 日本語訳を参考に、関係代名詞と動詞を入れてみよう。

① Conosco due persone (　　) (　　　　) in banca.　[lavorare]
私は銀行で働いている人を2人知っています。

② Quali sono le lingue (　　) (　　　　) gli studenti?　[studiare]
学生たちが勉強している言語は何ですか？

③ I dolci (　　) (　　　　) Mauro sono molto buoni.　[fare]
マウロが作るお菓子はとてもおいしい。

④ Non trovo il prosciutto (　　　) (　　　　) di solito.　[prendere]
私がふだん買っているハムが見当たらない。
＊ trovo ＜ trovare（見つける）

2 日本語訳を参考に、目的語の代名詞を入れてみよう。

① (　　　) aspettiamo lì.
君たちをそこで待っているね。

② Non prendi il latte? - (　　　) prendo domani.
君は牛乳を買わないの？　－　それは明日買うよ。

③ Non (　　　) conosco bene.
私は彼女のことをよく知りません。

④ (　　　) telefono stasera.
君に今晩電話するよ。

⑤ Carlo (　　　) scrive spesso.
カルロはしょっちゅう私に手紙を書いてくれる。

⑥ Conosci Paolo? - No, non (　　　) conosco.
君はパオロのことを知っている？　－　ううん、知らないよ。

3 日本語訳を参考に、文を完成させよう。

① Mi (　　　　) molto la musica.
私はとても音楽が好きです。

② Ti (　　　　) i gatti? - Sì, (　　　　).
君は猫が好き？　−うん、とても。

③ (　　) Luisa (　　　　) studiare il francese? - Sì, abbastanza.
ルイーザはフランス語を勉強することが好き？　−うん、わりと。

④ Non mangio (　　　　) la carne.
私はもうお肉を食べません。

⑤ Non mangio (　　　　) il pesce.
私はまったく魚を食べません。

こたえ

1
① Conosco due persone che lavorano in banca.
② Quali sono le lingue che studiano gli studenti?
③ I dolci che fa Mauro sono molto buoni.
④ Non trovo il prosciutto che prendo di solito.

2
① Vi aspettiamo lì.
② Non prendi il latte? - Lo prendo domani.
③ Non la conosco bene.
④ Ti telefono stasera.
⑤ Carlo mi scrive spesso.
⑥ Conosci Paolo? - No, non lo conosco.

3
① Mi piace molto la musica.
② Ti piacciono i gatti? - Sì, molto.
③ A Luisa piace studiare il francese? - Sì, abbastanza.
④ Non mangio più la carne.
⑤ Non mangio mai il pesce.

チョコレート

　イタリア名物の１つに挙げられるのが、チョコレート。お土産に持ち帰るなら固形チョコレートが定番ですが、そのほか飲み物としてのチョコレート、パンに塗るペーストとしてのチョコレートなどがあります。
　固形タイプは、ミルクチョコレート、ダークチョコレート、砕いたナッツをまぜたもの、ヘーゼルナッツペーストを練り込んだもの、とさまざまです。正方形をしたコーヒー味のチョコや、煎ったコーヒーの豆粒そのものにチョコレートコーティングをした変わり種もあり、中にレモンのリキュールや、コーヒー液が入っているものも見かけます。
　固形チョコレートの中でも、シチリア州のモディカという町で作られるチョコレートは、とても変わっています。ふつうのタイプを食べる感覚で口に入れると、「なにこれ？」と思うようなチョコレートです。カカオ豆の粉と、砂糖などの粉を練り込んで均一化したものでなく、100パーセント「粉感」を残したまま、ぎゅっと固めてつくっているので、口のなかで各種「粉」がばらばらにほどけていきます。
　飲み物のチョコレートは、バール（喫茶・軽食店）で飲むことができる、日本のココアよりはるかにとろみの多い、ダークチョコドリンクです。冬のイタリアには欠かせません（たぶん）。家庭用にも、小袋に入ったインスタントのものが売られていて、暖めた牛乳やお湯で練り混ぜるだけで簡単に作ることができます。飲むというより、スプーンで食べるという感じです。
　固形のチョコは男性名詞でcioccolato、飲み物のチョコは女性名詞でcioccolataと言います。ただ、地域によっては女性名詞cioccolataで固形タイプを指すこともあります。

STEP 6

26 近過去

よく眠れました。

Ho dormito bene.
オ　　ドルミート　　ベーネ

これだけ

過去の出来事を「〜した」と表現するには「近過去」という時制を使います。

助動詞（avere または essere）　＋　過去分詞

essere… 状態・変化・移動を表す動詞、再帰動詞
avere … 上記以外

dormire（寝る、眠る）　→近過去「寝た、眠った」
ドルミーレ

io	**ho dormito** オ　ドルミート		noi	**abbiamo dormito** アッビヤーモ　ドルミート	
tu	**hai dormito** アイ　ドルミート		voi	**avete dormito** アヴェーテ　ドルミート	
lui / lei / Lei	**ha dormito** ア　ドルミート		loro	**hanno dormito** アンノ　ドルミート	

Q 次の文を近過去にしてみよう。

❶ 君はよく眠れた？

＿＿＿＿＿＿＿＿＿＿＿＿＿＿＿＿＿

❷ 私は5時間しか眠れなかった（←5時間だけ眠った）。

＿＿＿＿＿＿＿＿＿＿＿＿＿＿＿＿＿

よく
bene
ベーネ

〜だけ　5時間
solo, cinque ore
ソロ　チンクゥウェ　オーレ

答えと音声を確認しよう

もっと1 過去分詞の作り方

過去分詞は、次のように作ります。

-are を取って -ato をつける	lavorare（働く） ラヴォラーレ	→ lavorato ラヴォラート
-ere を取って -uto をつける	ricevere（受け取る） リチェーヴェレ	→ ricevuto リチェヴート
-ire を取って -ito をつける	dormire（寝る） ドルミーレ	→ dormito ドルミート

もっと2 助動詞に essere を使う近過去

過去分詞の語尾 -o は主語の性・数に合わせて -o, -a, -i, -e と変わります。

tornare（帰る）
トルナーレ

主語が男性の場合

io	sono tornato ソノ　トルナート	noi	siamo tornati スィヤーモ　トルナーティ
tu	sei tornato セイ　トルナート	voi	siete tornati スィエーテ　トルナーティ
lui / Lei	è tornato エ　トルナート	loro	sono tornati ソノ　トルナーティ

主語が女性の場合、過去分詞が

単数形で **tornata**　　複数形で **tornate**　　に変わります。
　　　　　トルナータ　　　　　　　　トルナーテ

A

❶ Hai dormito bene?
アイ ドルミート ベーネ

❷ Ho dormito solo cinque ore.
オ ドルミート ソロ チンクゥウェ オーレ

まとめ

❶ 近過去「〜した」　　助動詞 avere ＋ 過去分詞
　　　　　　　　　　　　助動詞 essere ＋ 過去分詞

❷ 過去分詞

-are	→	-ato
-ere		-uto
-ire		-ito

❸ 助動詞に essere を使うとき、過去分詞の語尾が主語に合わせて変化！

Q　単語をヒントに作文してみよう。

❶ 私は小包を受け取った。

　受け取る　小包1つ
　ricevere, un pacco
　リチェーヴェレ　ウン　パッコ

❷ 昨日、私はたくさん働いた。

　昨日　働く　　たくさん
　Ieri, lavorare, tanto
　イエーリ　ラヴォラーレ　タント

❸ 彼は遅い時間まで寝た。

　寝る　　遅くまで
　dormire, fino a tardi
　ドルミーレ　フィーノ　ア　タルディ

❹ 昨日、君（女性）は何時に帰ったの？

　何時に　　　帰る
　A che ora, tornare
　ア　ケ　オーラ　トルナーレ

❺ 今日私たち（男性）は2時に帰った。

　今日　　2時に
　Oggi, alle due
　オッジ　アッレ　ドゥーウェ

答えと音声を確認しよう

+α fare（〜する）の近過去

fareの過去分詞はfattoです（不規則）。助動詞はavereを使います。

io	ho ファット	noi	abbiamo fatto
	オ　ファット		アッビヤーモ　ファット
tu	hai fatto	voi	avete fatto
	アイ　ファット		アヴェーテ　ファット
lui / lei /Lei	ha fatto	loro	hanno fatto
	ア　ファット		アンノ　ファット

Hai fatto i compiti?（君は宿題をした？）
アイ　ファット　イ コンピティ

A

❶ Ho ricevuto un pacco.
オ リチェヴート ウン パッコ

❷ Ieri ho lavorato tanto.
イエーリ オ ラヴォラート タント

❸ Ha dormito fino a tardi.
ア ドルミート フィーノ ア タルディ

❹ A che ora sei tornata ieri?
ア ケ オーラ セイ トルナータ イエーリ

❺ Oggi siamo tornati alle due.
オッジ スィヤーモ トルナーティ アッレ ドゥーウェ

27 半過去

銀行で働いていました。

Lavoravo in banca.
ラヴォラーヴォ　イン　バンカ

これだけ

半過去は過去の状況・背景「〜していた」「〜したものだった」を表します。

-areで終わる動詞の半過去

lavorare（働く）　→　半過去「働いていた」
ラヴォラーレ

io	**lavoravo** ラヴォラーヴォ	noi	**lavoravamo** ラヴォラヴァーモ
tu	**lavoravi** ラヴォラーヴィ	voi	**lavoravate** ラヴォラヴァーテ
lui / lei / Lei	**lavorava** ラヴォラーヴァ	loro	**lavoravano** ラヴォラーヴァノ

Q 単語をヒントに作文してみよう。

❶ 去年、私は遅くまで働いていた。

　去年　　　　遅くまで
　L'anno scorso, fino a tardi
　ランノ　スコルソ　フィーノ ア タルディ

❷ あの時期は、彼らは土曜日も働いていた。

　あの時期　　　土曜も
　In quel periodo, anche il sabato
　イン クウェル ペリーオド アンケ イル サーバト

❸ あのころ、私たちは皆一緒に働いたものだった。

　あのころ　皆一緒に
　Allora, tutti insieme
　アッローラ　トゥッティ インスィエーメ

答えと音声を確認しよう

-ereで終わる動詞の半過去

avere（持っている）
アヴェーレ

io	**avevo** アヴェーヴォ	noi	**avevamo** アヴェヴァーモ
tu	**avevi** アヴェーヴィ	voi	**avevate** アヴェヴァーテ
lui / lei / Lei	**aveva** アヴェーヴァ	loro	**avevano** アヴェーヴァノ

-ireで終わる動詞の半過去

uscire（外出する、遊びに出かける）
ウッシーレ

io	**uscivo** ウッシーヴォ	noi	**uscivamo** ウッシヴァーモ
tu	**uscivi** ウッシーヴィ	voi	**uscivate** ウッシヴァーテ
lui / lei / Lei	**usciva** ウッシーヴァ	loro	**uscivano** ウッシーヴァノ

A

❶ L'anno scorso lavoravo fino a tardi.
ランノ スコルソ ラヴォラーヴォ フィーノ ア タルディ

❷ In quel periodo lavoravano anche il sabato.
イン クウェル ペリーオド ラヴォラーヴァノ アンケ イル サーバト

❸ Allora lavoravamo tutti insieme.
アッローラ ラヴォラヴァーモ トゥッティ インスィエーメ

まとめ

半過去「〜していた」

❶ -are で終わる動詞
-avo, -avi, -ava, -avamo, -avate, -avano

❷ -ere で終わる動詞
-evo, -evi, -eva, -evamo, -evate, -evano

❸ -ire で終わる動詞
-ivo, -ivi, -iva, -ivamo, -ivate, -ivano

Q 単語をヒントに作文してみよう。

❶ 私はおなかがすいていた。

空腹である
avere fame
アヴェーレ　ファーメ

❷ 去年の夏私たちは毎晩遊びに出かけたものだ。

去年の夏　　　　毎晩
L'estate scorsa, ogni sera
レスターテ　スコルサ　オンニ　セーラ

❸ 当時彼女は5歳だった。

当時　　5歳だ
Allora, avere cinque anni
アッローラ　アヴェーレ　チンクゥウェ　アンニ

❹ あの頃、彼らはしょっちゅう出かけていた。

当時　　よく
Allora, spesso
アッローラ　スペッソ

❺ 彼は毎日は働いていなかった。

〜ない　働く　　毎日
Non, lavorare, ogni giorno
ノン　ラヴォラーレ　オンニ　ジョルーノ

答えと音声を確認しよう

+α 近過去と半過去の使い分け

- 「〜した」→近過去
- 「〜していた」→半過去

Oggi **ho lavorato** fino alle sei.
オッジ オ ラヴォラート フィーノ アッレ セイ
(今日私は6時まで働いた)

Fino all'anno scorso **lavoravo** tanto.
フィーノ アッランノ スコルソ ラヴォラーヴォ タント
(去年まで私はたくさん働いていた)

A

❶ Avevo fame.
アヴェーヴォ ファーメ

❷ L'estate scorsa uscivamo ogni sera.
レスターテ スコルサ ウッシヴァーモ オンニ セーラ

❸ Allora aveva cinque anni.
アッローラ アヴェーヴァ チンクゥウェ アンニ

❹ Allora uscivano spesso.
アッローラ ウッシーヴァノ スペッソ

❺ Non lavorava ogni giorno.
ノン ラヴォラーヴァ オンニ ジョールノ

半過去

28 現在進行形

本を読んでいるところです。

Sto leggendo un libro.
スト　　　レッジェンド　　　ウン　　リーブロ

これだけ

「〜しているところだ」という進行中の動作は、現在形でも表せますが、「進行中」であることを強調するとき、現在進行形を使います。

動詞 leggere の現在進行形

leggere（読む）
レッジェレ

io	sto leggendo スト　レッジェンド	noi	stiamo leggendo スティヤーモ　レッジェンド
tu	stai leggendo スタイ　レッジェンド	voi	state leggendo スターテ　レッジェンド
lui / lei / Lei	sta leggendo スタ　レッジェンド	loro	stanno leggendo スタンノ　レッジェンド

Q 単語をヒントに作文してみよう。

❶ 君は何を読んでいるの？

_____

何
Che cosa
ケ　　コーザ

❷ 私は雑誌を読んでいます。

_____

雑誌1冊
una rivista
ウナ　リヴィスタ

❸ 彼女は本を読んでいるところです。

_____

本1冊
un libro
ウン　リーブロ

答えと音声を確認しよう

現在進行形の作り方

現在進行形は、stare（〜な状態だ）の活用形と、動詞のジェルンディオと呼ばれる形で表します。

動詞 stare ＋ 動詞のジェルンディオ
　　スターレ

stareは不規則変化の動詞です。

sto, stai, sta, stiamo, state, stanno
スト　スタイ　スタ　スティヤーモ　スターテ　スタンノ

ジェルンディオの作り方

ジェルンディオは、次のように作ります。

-are をとって -ando をつける。
lavorare（働く）→ lavorando
ラヴォラーレ　　　　　ラヴォランド

-ere をとって -endo をつける。
prendere（取る、飲む）→ prendendo
プレンデレ　　　　　　　　プレンデンド

-ire をとって -endo をつける。
dormire（寝る）→ dormendo
ドルミーレ　　　　　ドルメンド

不規則なジェルンディオをもつ動詞もあります。
fare（する、つくる）→ facendo
ファーレ　　　　　　　　ファチェンド

A

① Che cosa stai leggendo?
　ケ コザ スタイ レッジェンド

② Sto leggendo una rivista.
　スト レッジェンド ウナ リヴィスタ

③ Sta leggendo un libro.
　スタ レッジェンド ウン リーブロ

まとめ

❶ 現在進行形「〜しているところだ」
stare (sto, stai, sta, stiamo, state, stanno)
　+　ジェルンディオ

❷ ジェルンディオ

-are		-ando
-ere	→	-endo
-ire		-endo

Q 単語をヒントに作文してみよう。

❶ 彼らはテレーザと話しているところだ。
話す　　テレーザと
parlare, con Teresa
パルラーレ　　コン　テレーザ

❷ 私は働いている最中だ。
働く
lavorare
ラヴォラーレ

❸ 最近、私はずっと食べ過ぎている。
最近　　　食べる　過度に
Ultimamente, mangiare, troppo
ウルティマメンテ　マンジャーレ　トロッポ

❹ 最近、私はたくさん読書しています。
読む　　　たくさん
leggere, molto
レッジェレ　　モルト

❺ 君は何をしているの？
何　　　　する
Che cosa, fare
ケ　　コーザ　　ファーレ

答えと音声を確認しよう

+α 過去進行形
（〜しているところだった）

stareの半過去 ＋ ジェルンディオ

fare（する）
ファーレ

io	**stavo facendo** スターヴォ ファチェンド	noi	**stavamo facendo** スタヴァーモ　ファチェンド
tu	**stavi facendo** スターヴィ ファチェンド	voi	**stavate facendo** スタヴァーテ　ファチェンド
lui / lei / Lei	**stava facendo** スターヴァ ファチェンド	loro	**stavano facendo** スターヴァノ　ファチェンド

Stavo facendo i compiti.（私は宿題をしているところだった）
スターヴォ ファチェンド　イ コンピティ

A

❶ Stanno parlando con Teresa.
スタンノ パルランド コン テレーザ

❷ Sto lavorando.
スト ラヴォランド

❸ Ultimamente sto mangiando troppo.
ウルティマメンテ スト マンジャンド トロッポ

❹ Ultimamente sto leggendo molto.
ウルティマメンテ スト レッジェンド モルト

❺ Che cosa stai facendo?
ケ コザ スタイ ファチェンド

29 未来形

明日は働かないつもりです。

Domani non lavorerò.
ドマーニ　　ノン　　　ラヴォレロ

これだけ

「これから〜する」という未来の動作は現在形でも表せますが、「〜するつもりだ」「〜するだろう」ということを強調するとき、未来形を使います。

-are で終わる動詞の未来形

lavorare（働く）
ラヴォラーレ

io	**lavorerò** ラヴォレロ	noi	**lavoreremo** ラヴォレレーモ
tu	**lavorerai** ラヴォレラーイ	voi	**lavorerete** ラヴォレレーテ
lui / lei / Lei	**lavorerà** ラヴォレラ	loro	**lavoreranno** ラヴォレランノ

Q 単語をヒントに作文してみよう。

❶ 明日、私は２時まで仕事の予定です。

明日　　　　２時まで
Domani, fino alle due
ドマーニ　　フィーノ　アッレ　ドゥーウェ

❷ 彼は９月からレストランで働く予定だ。

９月から　　　　レストランで
Da settembre, in un ristorante
ダ　セッテンブレ　　イヌン リストランテ

❸ 君はどこで働くつもり？

どこで
Dove
ドーヴェ

答えと音声を確認しよう

もっと1 -ere で終わる動詞の未来形

prendere（取る、注文する、乗る）
プレンデレ

io	**prenderò** プレンデロ	noi	**prenderemo** プレンデレーモ
tu	**prenderai** プレンデラーイ	voi	**prenderete** プレンデレーテ
lui / lei / Lei	**prenderà** プレンデラ	loro	**prenderanno** プレンデランノ

もっと2 -ire で終わる動詞の未来形

uscire（外出する、遊びに出かける）
ウッシーレ

io	**uscirò** ウッシロ	noi	**usciremo** ウッシレーモ
tu	**uscirai** ウッシラーイ	voi	**uscirete** ウッシレーテ
lui / lei / Lei	**uscirà** ウッシラ	loro	**usciranno** ウッシランノ

A

❶ Domani lavorerò fino alle due.
ドマーニ ラヴォレロ フィーノ アッレ ドゥーウェ

❷ Da settembre lavorerà in un ristorante.
ダ セッテンブレ ラヴォレラ イヌゥン リストランテ

❸ Dove lavorerai?
ドヴェ ラヴォレラーイ

まとめ

❶ -areで終わる動詞
-ereで終わる動詞　**-erò, -erai, -erà, -eremo, -erete, -eranno**

❷ -ireで終わる動詞　**-irò, -irai, -irà, -iremo, -irete, -iranno**

❸ 未来の動作「これから〜する」は現在形でもOK。
「〜するつもり」「〜する予定」と言うとき→未来形

Q 単語をヒントに作文してみよう。

❶ 君は明日出かけないの？

明日　　出かけない
Domani, non uscire
ドマーニ　　ノヌッシーレ

❷ 今日私は市電に乗るつもりです。

今日　　乗る　　　市電
Oggi, prendere, il tram
オッジ　プレンデレ　イル トラム

❸ 彼は10月から銀行で働く。

10月から　　働く　　銀行で
Da ottobre, lavorare, in banca
ダ　オットーブレ　ラヴォラーレ　イン バンカ

❹ 私は土曜日、友達と出かける予定です。

土曜日　出かける　私の友達と
Sabato, uscire, con i miei amici
サーバト　ウッシーレ　コニ　ミエーイ アミーチ

❺ 私たちはローマから電車に乗る予定です。

ローマから　乗る　　　電車
Da Roma, prendere, il treno
ダ　ローマ　プレンデレ　イル トレーノ

答えと音声を確認しよう

+α 不規則活用の未来形

essere（〜だ、〜にいる）
エッセレ

sarò, sarai, sarà, saremo, sarete, saranno
サロ　サラーイ　サラ　サレーモ　サレーテ　サランノ

Domani sarò a Roma. （私は明日ローマにいる予定です）
ドマーニ　サロ　ア　ローマ

avere（持っている）
アヴェーレ

avrò, avrai, avrà, avremo, avrete, avranno
アヴロ　アヴラーイ　アヴラ　アヴレーモ　アヴレーテ　アヴランノ

Non avrò più paura. （私はもう怖がらない）
ノナヴロ　　　ピュ　パウーラ

A

❶ Domani non uscirai?
ドマーニ ノヌッシラーイ

❷ Oggi prenderò il tram.
オッジ プレンデロ イル トラム

❸ Da ottobre lavorerà in banca.
ダ オットーブレ ラヴォレラ イン バンカ

❹ Sabato uscirò con i miei amici.
サーバト ウッシロ コニ ミエーイ アミーチ

❺ Da Roma prenderemo il treno.
ダ ローマ プレンデレーモ イル トレーノ

30 接続詞

とても疲れているけど働かなければなりません。
Sono molto stanco, ma devo lavorare.
ソノ モルト スタンコ マ デーヴォ ラヴォラーレ

これだけ

e エ	そして、それで	**quindi** クウィンディ	だから、したがって
ma マ	しかし	**però** ペロ	しかし

Io prendo un caffè. E tu?（私はコーヒーを頼むよ。で、君は？）
イヨ プレンド ウン カッフェ エ トゥ

Devo uscire, ma non voglio.（私は出かけなければ。でもいやだなあ）
デーヴォ ウッシーレ マ ノン ヴォッリョ

Q 単語をヒントに作文してみよう。

❶ 私はピザを頼むよ。で、君は？

ピザ1枚
una pizza
ウナ ピッツァ

❷ 私はふだん勉強が好きだけど、今日はいやだ。

ふだん　　　私は勉強が好き
Di solito, mi piace studiare
ディ ソーリト　ミ ピヤーチェ ストゥディヤーレ

❸ 私は今日は遅くまで働く。だから家で食事しないよ。

食事しない　　　家で
non mangiare, a casa
ノン マンジャーレ　ア カーザ

答えと音声を確認しよう

quando

quando（〜が…するとき）
クゥワンド

Quando c'è il sole, mi piace stare fuori.
クゥワンド　チェ イル ソーレ　ミ　ピヤーチェ スターレ　フウォーリ
（太陽が出ているとき、私は外にいるのが好きだ）

perché

perché（なぜなら〜だからだ）
ペルケ

Stasera non posso uscire **perché** devo studiare.
スタセーラ　ノン　ポッソ　ウッシーレ　ペルケ　デーヴォ ストゥディヤーレ
（今晩、私は出かけられない。勉強しなければならないから）

A

❶ Io prendo una pizza. E tu?
イヨ プレンド ウナ ピッツァ　　エ トゥ

❷ Di solito mi piace studiare, ma (però) oggi no.
ディ ソーリト ミ ピヤーチェ ストゥディヤーレ マ (ペロ) オッジ ノ

❸ Oggi lavoro fino a tardi, quindi non mangio a casa.
オッジ ラヴォーロ フィーノ ア タルディ クウィンディ ノン マンジョ ア カーザ

まとめ

❶ e　　　　　　そして、それで

❷ quindi　　　　だから、したがって

❸ ma, però　　　しかし

❹ quando　　　　〜が…するとき

❺ perché　　　　なぜなら〜だからだ

Q 単語をヒントに作文してみよう。

❶ 最近私は睡眠時間がとても少ない。
でも元気だ。

> 睡眠時間がわずかだ　元気だ
> **dormire poco, stare bene**
> ドルミーレ　ポーコ　スターレ　ベーネ

❷ 今日私は１時に仕事を終える。
だから家で食べるよ。

> １時に　　家で食べる
> **all'una, mangiare a casa**
> アッルゥーナ　マンジャーレ　ア　カーザ

❸ 最近私は疲れている。
とても忙しいからだ。

> 〜だ　　とても忙しい
> **essere, molto impegnato**
> エッセレ　モルト　インペンニャート

❹ 私は食事をするとき、テレビを見ません。

> 食べる　　　テレビを見る
> **mangiare, guardare la tv**
> マンジャーレ　グゥワルダーレ ラ ティッヴゥ

❺ 私は家に帰るよ。で、君は？

> 私は　行く　　家に
> **Io, andare, a casa**
> イヨ　アンダーレ　ア　カーザ

答えと音声を確認しよう

+α 昨日、今日、明日

おととい	昨日	今日	明日	あさって
l'altro ieri	ieri	oggi	domani	dopodomani
ラルトロ イエーリ	イエーリ	オッジ	ドマーニ	ドーポドマーニ

L'altro ieri non ho studiato.（おととい、私は勉強しなかった）
ラルトロ　イエーリ ノ ノ　　ストゥディヤート

E **ieri** ho studiato solo cinque minuti.（で、昨日は5分しか勉強しなかった）
エ イエーリ オ ストゥディヤート ソロ チンクゥウェ ミヌゥーティ

Ma **oggi** studierò tanto.（でも今日はたくさん勉強するつもりだ）
マ　　オッジ　ストゥディエロ　タント

A

❶ Ultimamente dormo poco, ma (però) sto bene.
ウルティマメンテ ドルモ ポーコ マ (ペロ) スト ベーネ

❷ Oggi finisco il lavoro all'una, quindi mangio a casa.
オッジ フィニスコ イル ラヴォーロ アッルゥーナ クウィンディ マンジョ ア カーザ

❸ Ultimamente sono stanco perché sono molto impegnato.
ウルティマメンテ ソノ スタンコ ペルケ ソノ モルト インペンニャート

❹ Quando mangio, non guardo la tv.
クゥワンド マンジョ ノン グゥワルド ラ ティッヴゥ

❺ Io vado a casa. E tu?
イヨ ヴァード ア カーザ　エ トゥ

接続詞
30

まとめのドリル 6

1 日本語訳を参考に、動詞を近過去または半過去にしてみよう。

① Perché (　　　　) a letto tardi ieri?　　　　　　　[andare]
　－ Perché non (　　　　) sonno.　　　　　　　　　[avere]
　君（男性）はどうしてきのう遅い時間に就寝したの？
　－ 眠くなかったから。
　＊andare a letto … 就寝する（letto「ベット」）

② Due anni fa (　　　　) molto.　　　　　　　　　　[lavorare]
　2年前、私はたくさん働いていました。

③ Ieri non (　　　　) uscire ma alla fine (　　　　).
　　　　　　　　　　　　　　　　　　　　　[volere, uscire]
　昨日ぼくは出かけたくなかったけど、結局は出かけた。

④ Ieri (　　　　) questi biscotti.　　　　　　　　　[comprare]
　昨日、私はこのクッキーを買いました。

⑤ (　　　　) una cartolina da Alessandra.　　　　　[ricevere]
　私たちはアレッサンドラから絵はがきを受け取りました。

2 日本語訳を参考に、動詞を未来形にして入れてみよう。

① Dopodomani (　　　　) a Milano.　　　　　　　　　[essere]
　あさって、私はミラノにいる予定です。

② Fino a che ora (　　　　) domani?　　　　　　　　[lavorare]
　君は明日、何時まで働く予定？

③ Da Firenze (　　　　) il treno.　　　　　　　　　[prendere]
　私はフィレンツェから電車に乗るつもりです。

3 日本語訳を参考に、動詞を進行形（現在または過去）にして入れてみよう。

① Che cosa (　　　　) quando ti ho telefonato ieri?　　[fare]
昨日君に電話したとき、君は何をしていたの？

－ (　　　　).　　　　　　　　　　　　　　　　　　　[dormire]
ぼくは寝ていたよ。

② Che cosa (　　　　) Anna?　　　　　　　　　　　　[fare]
アンナは何をしているの？

－ (　　　　) un libro.　　　　　　　　　　　　　　　[leggere]
彼女は本を読んでいるところだよ。

③ Ultimamente (　　　　) molto.　　　　　　　　　　[lavorare]
最近私はたくさん働いている。

こたえ

1
① Perché <u>sei andato</u> a letto tardi ieri? - Perché non <u>avevo</u> sonno.
② Due anni fa <u>lavoravo</u> molto.
③ Ieri non <u>volevo</u> uscire ma alla fine <u>sono uscito</u>.
④ Ieri <u>ho comprato</u> questi biscotti.
⑤ <u>Abbiamo ricevuto</u> una cartolina da Alessandra.

2
① Dopodomani <u>sarò</u> a Milano.
② Fino a che ora <u>lavorerai</u> domani?
③ Da Firenze <u>prenderò</u> il treno.

3
① Che cosa <u>stavi facendo</u> quando ti ho telefonato ieri? - <u>Stavo dormendo</u>.
② Che cosa <u>sta facendo</u> Anna? - <u>Sta leggendo</u> un libro.
③ Ultimamente <u>sto lavorando</u> molto.

コラム 6

ピノッキオ

　ディズニー映画にもなり、世界中で愛されているピノッキオの物語は、フィレンツェ出身のジャーナリストにして作家である、カルロ・コッローディ（1826-1890）の手になる作品です。「コッローディ」はペンネームで、母の故郷近くの村の名前からとられました。初出は「子ども新聞」での連載で、1883年に単行本として発表されました。

　コッローディの当初の予定では、ピノッキオが大きな樫の木に吊り下げられて亡くなるところで物語が終わるはずでした。しかし、「子ども新聞」の小さな読者たちの抗議「ピノッキオを死なせないで！」にこたえるかたちで多くのあらたな冒険エピソードを書き継ぎ、ピノッキオが最後に人間の男の子になるまでを描きました。計画を変更して継ぎ足したせいか、「できごとの継ぎ目がずいぶん粗いな……」と感じられるところがあります。同じ19世紀の作家アレッサンドロ・マンゾーニの物語『いいなずけ』の、いろいろな事件が次々とおこるなかで、パズルのピースのようにぴったりとはまる「きめの細かさ」とは対照的です。しかし、山あり谷ありの事件や登場するキャラクターの強烈な面白さのおかげで、魅力いっぱいの作品です。

　「うそをつくと鼻が伸びる」シーンが有名ですが、読んでみると長い物語のなかでごくわずかな回数しか登場せず、影が薄い印象を受けます。このシーンが有名になったのは、もしかすると「うそをついちゃだめだよ！」という教訓を子どもたちに印象づけたい大人たちの思惑のせいかもしれませんね。

付録

基本単語

A

a　～に、～で
a che ora　何時に
abbastanza　割と、まあまあ
acciughe (f) (pl)　アンチョビ
adesso　今、今から
agosto (m)　8月
albero (m)　木
allora　それでは、その時
alto　背が高い
altro　ほかの
alzarsi　起床する
amica (f)　女友達
amico (m)　男友達
anche　～も
ancora　まだ
andare　行く
andare a letto　就寝する
anno (m)　年、年齢
anzi　むしろ
aprile (m)　4月
aprire　開ける
arabo (m)　アラビア語
ascoltare　聞く
aspettare　待つ
autobus (m)　バス
autunno (m)　秋
avere　持っている

B

bacio (m)　キス
bambino (m)　子ども
banca (f)　銀行
bello　美しい
bene　よく、上手に
bere　飲む
bianco　白い
bicicletta (f)　自転車
biglietto (m)　切符
birra (f)　ビール
biscotto (m)　クッキー
borsa (f)　バッグ
bravo　優秀な
buongiorno　おはよう、こんにちは
buono　おいしい、良い

C

c'è　～がある
cachi (m)　柿
caffè (m)　コーヒー
calcio (m)　サッカー
caldo (m)／形容詞　暑さ／暑い
camicia (f)　シャツ
cane (m)　犬
canzone (f)　歌
capello (m)　髪の毛
capire　理解する
cappotto (m)　コート
cappuccino (m)　カプチーノ
carne (f)　肉
cartolina (f)　はがき
casa (f)　家

cd m　CD
cena f　夕食
che　何
che cosa　何
chi　誰
chiesa f　教会
chitarra f　ギター
ciao　やあ、バイバイ
Cina f　中国
cinema m　映画館
cinese m　中国語
cioccolatino m　（小粒の）チョコレート
città f　町
compito m　宿題
comprare　買う
con　〜と
conoscere　知っている、知り合う
cosa f　もの
cravatta f　ネクタイ
cucina f　料理

D

da　〜から、〜前から、〜の家に
dente m　歯
dentro　中に
di　〜の
di solito　ふだん
dicembre m　12月
ditta f　会社
doccia f　シャワー
dolce m　お菓子
domani　明日
domenica f　日曜日
dopodomani　あさって
dormire　寝る、眠る
dove　どこで、どこに
dovere　〜しなければならない
due　2、2つ
dvd m　DVD

E

e　〜と、そして
ecco　ほら〜です
essere　〜である
estate f　夏

F

fame f　空腹
fare　する
farmacia f　薬局
febbraio m　2月
festa f　パーティー
fetta f　スライスしたもの、1切れ
film m　映画
fine settimana m　週末
finestra f　窓
finire　終わる、終える
fino a　〜まで
Firenze　フィレンツェ
formaggio m　チーズ
fotocopia f　コピー
fra　〜の間に、〜後に

francese (m) フランス語
Francia (f) フランス
fratello (m) 兄弟
freddo (m)／形容詞 寒さ／寒い
fretta (f) 急ぎ
fumare タバコを吸う
fuori 外に

G

gatto (m) 猫
gelateria (f) アイスクリーム店
gelato (m) アイスクリーム
gennaio (m) 1月
gente (f) 人々
gentile 親切な
Germania (f) ドイツ
giacca (f) ジャケット
Giappone (m) 日本
giapponese (m)／形容詞
　日本語／日本（人）の
giardino (m) 庭
gioco (m) 遊び、ゲーム
giornale (m) 新聞
giorno (m) 日
giovedì (m) 木曜日
gita (f) 小旅行
giugno (m) 6月
guardare 見る（テレビなど）
guidare 運転する

I

ieri 昨日
impegnato 忙しい
in ～に
inglese (m) 英語
insieme いっしょに
intelligente 頭のよい
interessante おもしろい、興味深い
inverno (m) 冬
Italia (f) イタリア
italiano (m)／形容詞
　イタリア語／イタリア（人）の

L

l'altro ieri おととい
latte (m) 牛乳
lavarsi 自分に対して洗う
lavorare 働く
lavoro (m) 仕事
leggere 読む
lettera (f) 手紙
letteratura (f) 文学
letto (m) ベッド
lezione (f) 授業
libreria (f) 書店
libro (m) 本
lingua (f) 言語
luglio (m) 7月
lunedì (m) 月曜日

M

ma しかし
macchina f 車
madre f 母
maggio m 5月
maglietta f Tシャツ
mai 決して〜ない
mail f メール
mamma m お母さん
mangiare 食べる
mano f 手
martedì m 火曜日
marzo m 3月
mercato m 市場
mercoledì m 水曜日
mese m 月
mettere 置く
mettersi 着る
Milano ミラノ
minuto m 分
moda f ファッション
modo m 方法
molto とても
musica f 音楽

N

ne それに関しては
nero 黒い
no いいえ
non 〜ない
non〜mai 決して〜ない
non〜più もはや〜ない
novembre m 11月
nuotare 泳ぐ

O

o または
oggi 今日
ogni あらゆる
ogni tanto ときどき
oliva f オリーブの実
ora f 時間
ottobre m 10月

P

pacco m 小包
padre m 父
pane m パン
panino m パニーノ
parlare 話す
partire 出発する
pasta f パスタ、小さなケーキ
paura f 恐れ
PC m パソコン
penna f ペン
per 〜へ向けて、〜するために
per favore ください、お願いします、どうか
perché なぜ、なぜなら
periodo m 期間
però しかし
persona f 人

pesante 重い
pesce m 魚
piacere 気に入る
pianoforte m ピアノ
piccolo 小さい
Pisa ピサ
più もっと多く
pizza f ピザ
pizzetta f ミニピザ
poco ごくわずかの、ごくわずかに
pop ポップスの
postale 郵便の
potere ～できる
pranzo m 昼食
prendere 注文する、取る、（乗り物に）乗る
preparare 準備する
primavera f 春
programma m プログラム
prosciutto m ハム

Q

quaderno m ノート
qualcosa m 何らかのもの
quale どちらの
quando いつ
quanto いくつの、どれくらいの
quello あの
questo この
qui ここに、ここで
quindi だから

R

ragazza f 女の子
ragazzo m 男の子
regalo m プレゼント
ricevere 受け取る
ristorante m レストラン
rivista f 雑誌
Roma ローマ
rosso 赤い

S

sabato m 土曜日
sapere ～する能力がある、知っている
saponetta f 石けん
sciopero m ストライキ
scorso 先の
scrivere 書く
scuola f 学校
sempre いつも
settembre m 9月
settimana f 週
si 自分自身を
sì はい
sigaretta f タバコ
sole m 太陽
solito いつもの
solo だけ
sonno m 眠気、眠り
sorella f 姉妹
Spagna f スペイン
spagnolo m スペイン語

specchio m 鏡
spesa f 買い物
spesso しょっちゅう、しばしば
stampante f プリンター
stanco 疲れた
stare 〜な状態である
stasera 今晩
stazione f 駅
studente m 男子学生
studentessa f 女子学生
studiare 勉強する
studio m 勉強、書斎
suonare 弾く、演奏する
supermercato m スーパー

T

tanto たくさん
tardi 遅く
taxi m タクシー
tè m 紅茶
teatro m 劇場
tedesco m ドイツ語
telefonare 電話する
tempo m 時間、天気
Tokyo 東京
tornare 帰る
torta f ケーキ
tram m 路面電車
treno m 電車
troppo 過度に、〜すぎるほど
trovare 見つける

tutto すべての
tv f テレビ

U

UE f ヨーロッパ連合
ufficio m 職場
ultimamente 最近
università f 大学
un po' 少し
uscire 外出する、遊びに出かける

V

vedersi 会う
venerdì m 金曜日
venire 来る
verde 緑の
viaggio m 旅行
vicino 近い
vino m ワイン
volere 〜したい

Z

zaino m リュックサック
zucchero m 砂糖

重要動詞活用表

*活用表のうち、文字がグレーになっているものは、本書で扱っていない活用です。

	現在	近過去	半過去	未来

essere

essere　〜だ　　　　　　　　　　　　　　　　過去分詞　stato

	現在	近過去	半過去	未来
io	sono	sono stato/a	ero	sarò
tu	sei	sei stato/a	eri	sarai
lui/lei/Lei	è	è stato/a	era	sarà
noi	siamo	siamo stati/e	eravamo	saremo
voi	siete	siete stati/e	eravate	sarete
loro	sono	sono stati/e	erano	saranno

avere

avere　持っている　　　　　　　　　　　　　　過去分詞　avuto

	現在	近過去	半過去	未来
io	ho	ho avuto	avevo	avrò
tu	hai	hai avuto	avevi	avrai
lui/lei/Lei	ha	ha avuto	aveva	avrà
noi	abbiamo	abbiamo avuto	avevamo	avremo
voi	avete	avete avuto	avevate	avrete
loro	hanno	hanno avuto	avevano	avranno

規則変化動詞

aspettare　待つ　　　　　　　　　　　　　　　過去分詞　aspettato

	現在	近過去	半過去	未来
io	aspetto	ho aspettato	aspettavo	aspetterò
tu	aspetti	hai aspettato	aspettavi	aspetterai
lui/lei/Lei	aspetta	ha aspettato	aspettava	aspetterà
noi	aspettiamo	abbiamo aspettato	aspettavamo	aspetteremo
voi	aspettate	avete aspettato	aspettavate	aspetterete
loro	aspettano	hanno aspettato	aspettavano	aspetteranno

capire　理解する　　　　　　　　　　　　　　　過去分詞　capito

	現在	近過去	半過去	未来
io	capisco	ho capito	capivo	capirò
tu	capisci	hai capito	capivi	capirai
lui/lei/Lei	capisce	ha capito	capiva	capirà
noi	capiamo	abbiamo capito	capivamo	capiremo
voi	capite	avete capito	capivate	capirete
loro	capiscono	hanno capito	capivano	capiranno

comprare　買う　　　　　　　　　　　　　　　過去分詞　comprato

	現在	近過去	半過去	未来
io	compro	ho comprato	compravo	comprerò
tu	compri	hai comprato	compravi	comprerai
lui/lei/Lei	compra	ha comprato	comprava	comprerà
noi	compriamo	abbiamo comprato	compravamo	compreremo
voi	comprate	avete comprato	compravate	comprerete
loro	comprano	hanno comprato	compravano	compreranno

	現在	近過去	半過去	未来
dormire 寝る、眠る				過去分詞 dormito
io	dormo	ho dormito	dormivo	dormirò
tu	dormi	hai dormito	dormivi	dormirai
lui/lei/Lei	dorme	ha dormito	dormiva	dormirà
noi	dormiamo	abbiamo dormito	dormivamo	dormiremo
voi	dormite	avete dormito	dormivate	dormirete
loro	dormono	hanno dormito	dormivano	dormiranno
finire 終わる、終える				過去分詞 finito
io	finisco	ho finito	finivo	finirò
tu	finisci	hai finito	finivi	finirai
lui/lei/Lei	finisce	ha finito	finiva	finirà
noi	finiamo	abbiamo finito	finivamo	finiremo
voi	finite	avete finito	finivate	finirete
loro	finiscono	hanno finito	finivano	finiranno
lavorare 働く				過去分詞 lavorato
io	lavoro	ho lavorato	lavoravo	lavorerò
tu	lavori	hai lavorato	lavoravi	lavorerai
lui/lei/Lei	lavora	ha lavorato	lavorava	lavorerà
noi	lavoriamo	abbiamo lavorato	lavoravamo	lavoreremo
voi	lavorate	avete lavorato	lavoravate	lavorerete
loro	lavorano	hanno lavorato	lavoravano	lavoreranno
mangiare 食べる				過去分詞 mangiato
io	mangio	ho mangiato	mangiavo	mangerò
tu	mangi	hai mangiato	mangiavi	mangerai
lui/lei/Lei	mangia	ha mangiato	mangiava	mangerà
noi	mangiamo	abbiamo mangiato	mangiavamo	mangeremo
voi	mangiate	avete mangiato	mangiavate	mangerete
loro	mangiano	hanno mangiato	mangiavano	mangeranno
parlare 話す				過去分詞 parlato
io	parlo	ho parlato	parlavo	parlerò
tu	parli	hai parlato	parlavi	parlerai
lui/lei/Lei	parla	ha parlato	parlava	parlerà
noi	parliamo	abbiamo parlato	parlavamo	parleremo
voi	parlate	avete parlato	parlavate	parlerete
loro	parlano	hanno parlato	parlavano	parleranno

	現在	近過去	半過去	未来
partire 出発する				過去分詞 partito
io	parto	sono partito/a	partivo	partirò
tu	parti	sei partito/a	partivi	partirai
lui/lei/Lei	parte	è partito/a	partiva	partirà
noi	partiamo	siamo partiti/e	partivamo	partiremo
voi	partite	siete partiti/e	partivate	partirete
loro	partono	sono partiti/e	partivano	partiranno
ricevere 受け取る				過去分詞 ricevuto
io	ricevo	ho ricevuto	ricevevo	riceverò
tu	ricevi	hai ricevuto	ricevevi	riceverai
lui/lei/Lei	riceve	ha ricevuto	riceveva	riceverà
noi	riceviamo	abbiamo ricevuto	ricevevamo	riceveremo
voi	ricevete	avete ricevuto	ricevevate	riceverete
loro	ricevono	hanno ricevuto	ricevevano	riceveranno
studiare 勉強する				過去分詞 studiato
io	studio	ho studiato	studiavo	studierò
tu	studi	hai studiato	studiavi	studierai
lui/lei/Lei	studia	ha studiato	studiava	studierà
noi	studiamo	abbiamo studiato	studiavamo	studieremo
voi	studiate	avete studiato	studiavate	studierete
loro	studiano	hanno studiato	studiavano	studieranno
telefonare 電話する				過去分詞 telefonato
io	telefono	ho telefonato	telefonavo	telefonerò
tu	telefoni	hai telefonato	telefonavi	telefonerai
lui/lei/Lei	telefona	ha telefonato	telefonava	telefonerà
noi	telefoniamo	abbiamo telefonato	telefonavamo	telefoneremo
voi	telefonate	avete telefonato	telefonavate	telefonerete
loro	telefonano	hanno telefonato	telefonavano	telefoneranno
tornare 帰る				過去分詞 tornato
io	torno	sono tornato/a	tornavo	tornerò
tu	torni	sei tornato/a	tornavi	tornerai
lui/lei/Lei	torna	è tornato/a	tornava	tornerà
noi	torniamo	siamo tornati/e	tornavamo	torneremo
voi	tornate	siete tornati/e	tornavate	tornerete
loro	tornano	sono tornati/e	tornavano	torneranno

	現在	近過去	半過去	未来
不規則変化動詞				
andare　行く				過去分詞　andato
io	vado	sono andato/a	andavo	andrò
tu	vai	sei andato/a	andavi	andrai
lui/lei/Lei	va	è andato/a	andava	andrà
noi	andiamo	siamo andati/e	andavamo	andremo
voi	andate	siete andati/e	andavate	andrete
loro	vanno	sono andati/e	andavano	andranno
conoscere　知っている				過去分詞　conosciuto
io	conosco	ho conosciuto	conoscevo	conoscerò
tu	conosci	hai conosciuto	conoscevi	conoscerai
lui/lei/Lei	conosce	ha conosciuto	conosceva	conoscerà
noi	conosciamo	abbiamo conosciuto	conoscevamo	conosceremo
voi	conoscete	avete conosciuto	conoscevate	conoscerete
loro	conoscono	hanno conosciuto	conoscevano	conosceranno
dovere　〜しなければならない				過去分詞　dovuto
io	devo	ho dovuto	dovevo	dovrò
tu	devi	hai dovuto	dovevi	dovrai
lui/lei/Lei	deve	ha dovuto	doveva	dovrà
noi	dobbiamo	abbiamo dovuto	dovevamo	dovremo
voi	dovete	avete dovuto	dovevate	dovrete
loro	devono	hanno dovuto	dovevano	dovranno
fare　する				過去分詞　fatto
io	faccio	ho fatto	facevo	farò
tu	fai	hai fatto	facevi	farai
lui/lei/Lei	fa	ha fatto	faceva	farà
noi	facciamo	abbiamo fatto	facevamo	faremo
voi	fate	avete fatto	facevate	farete
loro	fanno	hanno fatto	facevano	faranno
leggere　読む				過去分詞　letto
io	leggo	ho letto	leggevo	leggerò
tu	leggi	hai letto	leggevi	leggerai
lui/lei/Lei	legge	ha letto	leggeva	leggerà
noi	leggiamo	abbiamo letto	leggevamo	leggeremo
voi	leggete	avete letto	leggevate	leggerete
loro	leggono	hanno letto	leggevano	leggeranno

	現在	近過去	半過去	未来
piacere 好まれる				過去分詞 piaciuto
io	piaccio	sono piaciuto/a	piacevo	piacerò
tu	piaci	sei piaciuto/a	piacevi	piacerai
lui/lei/Lei	piace	è piaciuto/a	piaceva	piacerà
noi	piacciamo	siamo piaciuti/e	piacevamo	piaceremo
voi	piacete	siete piaciuti/e	piacevate	piacerete
loro	piacciono	sono piaciuti/e	piacevano	piaceranno
potere ～できる				過去分詞 potuto
io	posso	ho potuto	potevo	potrò
tu	puoi	hai potuto	potevi	potrai
lui/lei/Lei	può	ha potuto	poteva	potrà
noi	possiamo	abbiamo potuto	potevamo	potremo
voi	potete	avete potuto	potevate	potrete
loro	possono	hanno potuto	potevano	potranno
prendere 取る、乗る、注文する				過去分詞 preso
io	prendo	ho preso	prendevo	prenderò
tu	prendi	hai preso	prendevi	prenderai
lui/lei/Lei	prende	ha preso	prendeva	prenderà
noi	prendiamo	abbiamo preso	prendevamo	prenderemo
voi	prendete	avete preso	prendevate	prenderete
loro	prendono	hanno preso	prendevano	prenderanno
sapere 知っている、～する能力がある				過去分詞 saputo
io	so	ho saputo	sapevo	saprò
tu	sai	hai saputo	sapevi	saprai
lui/lei/Lei	sa	ha saputo	sapeva	saprà
noi	sappiamo	abbiamo saputo	sapevamo	sapremo
voi	sapete	avete saputo	sapevate	saprete
loro	sanno	hanno saputo	sapevano	sapranno
scrivere 書く				過去分詞 scritto
io	scrivo	ho scritto	scrivevo	scriverò
tu	scrivi	hai scritto	scrivevi	scriverai
lui/lei/Lei	scrive	ha scritto	scriveva	scriverà
noi	scriviamo	abbiamo scritto	scrivevamo	scriveremo
voi	scrivete	avete scritto	scrivevate	scriverete
loro	scrivono	hanno scritto	scrivevano	scriveranno

	現在	近過去	半過去	未来
venire 来る				過去分詞 venuto
io	vengo	sono venuto/a	venivo	verrò
tu	vieni	sei venuto/a	venivi	verrai
lui/lei/Lei	viene	è venuto/a	veniva	verrà
noi	veniamo	siamo venuti/e	venivamo	verremo
voi	venite	siete venuti/e	venivate	verrete
loro	vengono	sono venuti/e	venivano	verranno
volere 〜したい				過去分詞 voluto
io	voglio	ho voluto	volevo	vorrò
tu	vuoi	hai voluto	volevi	vorrai
lui/lei/Lei	vuole	ha voluto	voleva	vorrà
noi	vogliamo	abbiamo voluto	volevamo	vorremo
voi	volete	avete voluto	volevate	vorrete
loro	vogliono	hanno voluto	volevano	vorranno

再帰動詞

	現在	近過去	半過去	未来
alzarsi 起床する				過去分詞 alzato
io	mi alzo	mi sono alzato/a	mi alzavo	mi alzerò
tu	ti alzi	ti sei alzato/a	ti alzavi	ti alzerai
lui/lei/Lei	si alza	si è alzato/a	si alzava	si alzerà
noi	ci alziamo	ci siamo alzati/e	ci alzavamo	ci alzeremo
voi	vi alzate	vi siete alzati/e	vi alzavate	vi alzerete
loro	si alzano	si sono alzati/e	si alzavano	si alzeranno
lavarsi （自分に対して）洗う				過去分詞 lavato
io	mi lavo	mi sono lavato/a	mi lavavo	mi laverò
tu	ti lavi	ti sei lavato/a	ti lavavi	ti laverai
lui/lei/Lei	si lava	si è lavato/a	si lavava	si laverà
noi	ci laviamo	ci siamo lavati/e	ci lavavamo	ci laveremo
voi	vi lavate	vi siete lavati/e	vi lavavate	vi laverete
loro	si lavano	si sono lavati/e	si lavavano	si laveranno
mettersi 着る				過去分詞 messo
io	mi metto	mi sono messo/a	mi mettevo	mi metterò
tu	ti metti	ti sei messo/a	ti mettevi	ti metterai
lui/lei/Lei	si mette	si è messo/a	si metteva	si metterà
noi	ci mettiamo	ci siamo messi/e	ci mettevamo	ci metteremo
voi	vi mettete	vi siete messi/e	vi mettevate	vi metterete
loro	si mettono	si sono messi/e	si mettevano	si metteranno

> さぼった日も忙しい日もチラ見するだけ
おさぼりカード

1 文字と発音

❶ 基本はローマ字読みでOK。

❷ c, g, sc の読み方に注意！

❸ イタリア語で使うアルファベットは21文字。
　（j, k, w, x, y は外来語に使う）

2 名詞の性・数

❶ イタリア語の名詞には男性名詞と女性名詞がある。
　-o　→　男性名詞
　-a　→　女性名詞
　-e　→　？（見た目では男性か女性かわからない）

❷ 複数形
　-o　→　-i
　-a　→　-e
　-e　→　-i

3 不定冠詞

❶ 男性名詞か女性名詞かによって、つく不定冠詞が違う。
　un　　+　男性名詞
　una　+　女性名詞

❷ 名詞の始まりの音によっては、不定冠詞の形が変わる。
　uno　+　男性名詞（s＋子音始まり）
　uno　+　男性名詞（z始まり）
　un'　+　女性名詞（母音始まり）

持ち歩きに便利なPDFも三修社のホームページで公開しています。
http://www.sanshusha.co.jp/

4 定冠詞

❶ 基本の定冠詞

男性名詞		女性名詞	
単数 il	複数 i	単数 la	複数 le

❷ s＋子音、zで始まる男性名詞　　→　**lo**

❸ 母音で始まる男性名詞、女性名詞　→　**l'**

❹ 特定できる名詞につける。
例えば、「本」と言ったらどの「本」かわかるとき。

5 主語の代名詞と動詞 essere

❶ 主語の代名詞
　io（私は）、tu（君は）、lui（彼は）、lei（彼女は）、Lei（あなたは）、
　noi（私たちは）、voi（君たち・あなた方は）、loro（彼ら・彼女らは）

❷ tu は敬語を使わない相手、Lei は敬語を使う相手。
　＊Lは小文字で書くこともある。

❸ essere（〜だ）の活用
　io sono, tu sei, lui / lei / Lei è, noi siamo, voi siete, loro sono

❹ 否定文：動詞の前に non をつける。

❺ 疑問文：文の最後に「?」をつける。

6 形容詞

❶ イタリア語の形容詞は、-o または -e で終わる。

❷ -oで終わる形容詞

男性　単数	男性　複数	女性　単数	女性　複数
-o	-i	-a	-e

❸ -eで終わる形容詞

男性　単数	男性　複数	女性　単数	女性　複数
-e	-i	-e	-i

❹ 名詞の後ろに置かれる。

7 指示形容詞

❶ questo（この）→ questo, questi, questa, queste

❷ quello（あの）→ quel, quei, quella, quelle

❸ 母音始まりの名詞、s＋子音やz始まりの男性名詞につけるとき、quelloの形に注意！

8 所有形容詞

	男性単数	男性複数	女性単数	女性複数
私の	mio	miei	mia	mie
君の	tuo	tuoi	tua	tue
彼・彼女の	suo	suoi	sua	sue
あなたの	Suo	Suoi	Sua	Sue
私たちの	nostro	nostri	nostra	nostre
君たち・あなたがたの	vostro	vostri	vostra	vostre
彼ら・彼女らの	loro	loro	loro	loro

名詞にかかるとき 定冠詞 ＋ 所有形容詞 ＋ 名詞

9 「〜がある」

❶ 「〜がある」「〜がいる」
　c'è　　　　＋　単数のもの
　ci sono　　＋　複数のもの

❷ 「〜がない」「〜がいない」
　non c'è　　　＋　単数のもの
　non ci sono　＋　複数のもの

10 疑問形容詞

❶ quanto「いくつの、どれくらいの」
　→quanto, quanti, quanta, quante

❷ che「何の、どんな」　→cheのまま

❸ quale「どの、どちらの」　→単数quale、複数quali

11 動詞avere

❶ 動詞avereの活用はとても不規則！
　io **ho**, tu **hai**, lui **ha**, noi **abbiamo**, voi **avete**,
　loro **hanno**

❷ イタリア語では「h」を発音しないので、「ho」は「オ」。

❸ 年齢を言うときはavereを使う。
　Ho ～ anni.（私は～歳です）

12 規則動詞の現在形 -are, -ere

❶ -areで終わる動詞：-o, -i, -a, -iamo, -ate, -anoをつける。

❷ -iareで終わる動詞：-o, - , -a, -amo, -ate, -anoをつける。

❸ -ereで終わる動詞：-o, -i, -e, -iamo, -ete, -onoをつける。

13 規則動詞の現在形 -ire

-ireで終わる動詞の変化は2パターンある。

❶ partire型：-o, -i, -e, -iamo, -ite, -ono をつける。

❷ finire型：-isco, -isci, -isce, -iamo, -ite, iscono をつける。

14 疑問詞

❶ che cosa, cosa, che　何
❷ chi　誰
❸ dove　どこ
❹ perché　なぜ
❺ quando　いつ
❻ a che ora　何時に

15 前置詞

❶ di　〜の、〜出身の
❷ con　〜と一緒に、〜を使って
❸ in + 国　〜に、〜で
❹ a + 町　〜に、〜で
❺ da　〜から、〜前から、〜の家に/で

16 不規則活用の動詞

❶ andare（行く）
→ vado, vai, va, andiamo, andate, vanno

❷ venire（来る）
→ vengo, vieni, viene, veniamo, venite, vengono

❸ fare（する、作る）
→ faccio, fai, fa, facciamo, fate, fanno

17 再帰動詞

❶ 再帰代名詞siは主語に合わせて変化する。
→ mi, ti, si, ci, vi, si

❷ 動詞本体は-arsi、-ersi、-irsiを取って活用させる。

❸ 「自分の〜を…する」は所有形容詞を使わずに、「自分自身に対して〜を…する」と表現。
Mi lavo le mani.（私は自分の手を洗う）

18 補助動詞 volere と dovere

❶ volere + 不定詞　　〜したい

❷ volere + 名詞　　〜が欲しい

❸ dovere + 不定詞　　〜しなければならない

19 補助動詞 potere と sapere

❶ potere ＋ 不定詞 （状況が許すので）〜できる
　　　　　　　　　　〜してもかまわない

❷ sapere ＋ 不定詞 （能力があるので）〜できる

20 代名詞 ne

❶ neは、「di＋何か」を受ける、「それについては」という意味の代名詞！

❷ 数字をともなう表現でよく使う。

❸ 「その中で」というニュアンスのときもある。

❹ 前置詞diをともなう動詞とともにも使われる。

21 関係代名詞 che

❶ 動詞の主語　　　　　　動詞
　una persona　　　che lavora in banca
　（銀行で働く人1人）

❷ 動詞の直接目的語　　　動詞　　　主語
　il pane　　　　　　che fa　　Alberto
　（アルベルトが作るパン）

22 直接目的語の代名詞

❶ mi 私を　　ti 君を　　lo 彼を　　la 彼女を　　La あなたを
　ci 私たちを　vi 君たちを／あなたがたを　li 彼らを　le 彼女らを

❷ 活用した動詞の前に置く。

❸ 否定文：non ＋直接目的語の代名詞＋動詞

❹ それを　　lo（男性）la（女性）
　それらを　li（男性）le（女性）

23 間接目的語の代名詞

❶ mi 私に　　ti 君に　　gli 彼に　　le 彼女に　　Le あなたに
　ci 私たちに　vi 君たち・あなたがたに　gli 彼ら・彼女らに

❷ 間接目的語の代名詞は活用した動詞の前に置く。

24 動詞 piacere

・a＋人名　〜に ・間接目的語の代名詞 　mi（私に）、ti（君に）、gli（彼に） 　le（彼女に）、Le（あなたに）…	piace　　＋　単数 piacciono　＋　複数

　　　　〜に　　　　　　　好まれる　　…が

　⇒　　〜は…が好きだ

25 副詞

❶ 短い副詞は動詞の直後が好き！
（特にsempre, molto, bene, mai, più）

❷ 文頭や文末に置ける副詞もある。
（spesso, di solito, ogni tanto）

26 近過去

❶ 近過去「〜した」　助動詞 avere ＋ 過去分詞
　　　　　　　　　助動詞 essere ＋ 過去分詞

❷ 過去分詞

-are		-ato
-ere	→	-uto
-ire		-ito

❸ 助動詞に essere を使うとき、過去分詞の語尾が主語に合わせて変化！

27 半過去

半過去「〜していた」

❶ -are で終わる動詞
-avo, -avi, -ava, -avamo, -avate, -avano

❷ -ere で終わる動詞
-evo, -evi, -eva, -evamo, -evate, -evano

❸ -ire で終わる動詞
-ivo, -ivi, -iva, -ivamo, -ivate, -ivano

28 現在進行形

❶ 現在進行形「～しているところだ」
stare (sto, stai, sta, stiamo, state, stanno)
　　＋　ジェルンディオ

❷ ジェルンディオ

-are	→	-ando
-ere		-endo
-ire		-endo

29 未来形

❶ -areで終わる動詞
　-ereで終わる動詞　**-erò, -erai, -erà, -eremo, -erete, -eranno**

❷ -ireで終わる動詞　**-irò, -irai, -irà, -iremo, -irete, -iranno**

❸ 未来の動作「これから～する」は現在形でもOK。
　「～するつもり」「～する予定」と言うとき→未来形

30 接続詞

❶ e　　　　　そして、それで

❷ quindi　　だから、したがって

❸ ma, però　しかし

❹ quando　～が…するとき

❺ perché　　なぜなら～だからだ

著者プロフィール

花本知子（はなもと・ともこ）

東京外国語大学大学院地域文化研究科博士課程修了。京都外国語大学講師。2009年度、2011年度、2014年度NHKラジオ「まいにちイタリア語」講師。専門は、イタリア現代文学・文化。主な著書に、『留学とホームステイのイタリア語』（白水社）、『アントニオ・タブッキ 反復の詩学』（春風社）、『和伊中辞典第2版』（執筆・校閲、小学館）がある。
徐々にステップアップできる授業を目指し、「わかる→できる→無理なく身につく→楽しい」という語学学習の流れができるように心がけている。
生活情報サイト「All About」でイタリア語ガイドとしても活躍中。

だいたいで楽しい(たの)イタリア語入門(ご にゅうもん) 使える文法

2014年7月30日　第1刷発行
2020年7月30日　第2刷発行

著　者　　花本知子
発行者　　前田俊秀
発行所　　株式会社 三修社
　　　　　〒150-0001　東京都渋谷区神宮前2-2-22
　　　　　TEL03-3405-4511　FAX03-3405-4522
　　　　　https://www.sanshusha.co.jp
　　　　　振替00190-9-72758
　　　　　編集担当　伊吹 和真
印刷　　　倉敷印刷株式会社
CD製作　　株式会社メディアスタイリスト

©Hanamoto Tomoko 2014 Printed in Japan
ISBN978-4-384-04596-3 C1087

JCOPY 〈出版者著作権管理機構 委託出版物〉
本書の無断複製は著作権法上での例外を除き禁じられています。複製される場合は、そのつど事前に、出版者著作権管理機構（電話 03-5244-5088 FAX 03-5244-5089 e-mail: info@jcopy.or.jp）の許諾を得てください。

イラスト：七海らっこ
本文デザイン：スペースワイ
カバーデザイン：白畠かおり